Horizontes en
CIENCIAS

Silver Burdett & Ginn
MORRISTOWN, NJ ▪ NEEDHAM, MA
Atlanta, GA ▪ Cincinnati, OH ▪ Dallas, TX ▪ Deerfield, IL ▪ Menlo Park, CA

Horizontes en CIENCIAS

George G. Mallinson
Distinguished Professor
of Science Education
Western Michigan University

Jacqueline B. Mallinson
Associate Professor of Science
Western Michigan University

Linda Froschauer
Science Senior Teacher
Central Middle School
Greenwich, Connecticut

James A. Harris
Principal, D.C. Everest
Area School District
Schofield, Wisconsin

Melanie C. Lewis
Professor, Department of Biology
Southwest Texas State University
San Marcos, Texas

Catherine Valentino
Former Director of Instruction
North Kingstown School Department
North Kingstown, Rhode Island

Dedicado con cariño
a nuestro colega, maestro y amigo
Denny McMains
cuyo talento y valor fue
la inspiración de Horizontes en ciencias

Acknowledgments appear on pages 316–318, which constitute an extension of this copyright page.

Queridos niños y niñas:

Éste es un libro especial.

Habla del mundo que los rodea.

Habla de ciencias.

Ciencias es una forma de hacer preguntas.

Es una forma de encontrar respuestas.

Usamos ciencias todos los días.

¿Qué harán ustedes en ciencias?

Aprenderán a pensar.

Cultivarán plantas.

Cuidarán animales.

Conocerán a la jirafa Daisy.

¿Qué más van a hacer?

Se van a divertir.

Pasen las páginas para averiguar cómo.

Sus amigos,
Los autores

Contenido

✦ **CAPÍTULO DE INTRODUCCIÓN**

Alcancemos nuevos horizontes *Cuidando a Daisy*   12

Destrezas   Piensa en cosas que puedes usar 16

☐ *EXPERIMENTAR: SELECCIONAR MATERIALES PARA UNA ACTIVIDAD*

Actividad   ***Resolver problemas:*** No llores por leche derramada . . 20

☐ *EXPERIMENTAR: CONSTRUIR UN COMEDERO PARA UNA JIRAFA*

Actividad   ***Exploremos:*** ¿Cómo puedes hacer un corral

para una jirafa? 24

☐ *CONSTRUIR MODELOS: CONSTRUIR UN MODELO DE CORRAL PARA JIRAFA*

Destrezas   Pon las cosas en orden 27

☐ *RECONOCER RELACIONES: CREAR UNA SECUENCIA DE UN GRUPO DE OBJETOS*

Unidad 1
Biología

Capítulo 1   **Los seres vivientes**   30

Lección 1   **¿Qué son los seres vivientes?** 32

Actividad   ***Resolver problemas:*** En movimiento 35

☐ *INFERIR: EXAMINAR UN OBJETO Y DETERMINAR SI VIVE*

Lección 2   **¿En qué se diferencian las plantas de los animales?** . . . 36

Destrezas   Agrupa seres vivientes 39

☐ *CLASIFICAR: CLASIFICAR EN DOS GRUPOS BASÁNDOSE EN UNA PROPIEDAD*

Lección 3   **¿Qué necesitan las plantas y los animales?** 40

Actividad   ***Explora:*** ¿Cómo puedes hacer una casa

para caracoles? 43

☐ *DEFINIR: USAR LO QUE SE SABE PARA CONSTRUIR UNA CASA PARA UN CARACOL*

CTS	¿Cómo puede la gente ayudar al salmón?	44
Lección 4	**¿Cómo se ayudan las plantas y los animales?**	46
Actividad	***Exploremos:*** ¿Cómo hacen nidos las aves con ayuda de las plantas?	50

☐ *CONSTRUIR MODELOS: CONSTRUIR UN MODELO DE NIDO USANDO PLANTAS*

	Conectemos lo aprendido UN ORGANIZADOR GRÁFICO	51
	Repaso del capítulo	52

Capítulo 2 Cara a cara con los animales   54

Lección 1	**¿Para qué les sirven las partes del cuerpo a los animales?**	56
Destrezas	Saca ideas de las cosas que te rodean	61

☐ *INFERIR: SACAR INFERENCIAS DE OBSERVACIONES*

Lección 2	**¿Cómo se mueven los animales?**	62
Actividad	***Resolver problemas:*** A paso de caracol	65

☐ *INTERPRETAR DATOS: DESCRIBIR QUÉ HARÁ MOVERSE A UN CARACOL*

Lección 3	**¿Cómo comen los animales?**	66
Actividad	***Explora:*** ¿En qué se diferencian los picos?	69

☐ *CONSTRUIR MODELOS: USAR UN MODELO PARA EXPLICAR LA UTILIDAD DE UN PICO*

CTS	¿Cómo puede la gente seguir a los animales?	70
Lección 4	**¿Para qué nos sirven los animales?**	72
Actividad	***Exploremos:*** ¿De qué se hace la mantequilla?	76

☐ *OBSERVAR: OBSERVAR LOS CAMBIOS QUE OCURREN AL HACER MANTEQUILLA*

	Conectemos lo aprendido UN ORGANIZADOR GRÁFICO	77
	Repaso del capítulo	78

Capítulo 3 Aprendamos sobre las plantas   80

Lección 1	**¿Cómo agrupamos las plantas?**	82
Actividad	***Resolver problemas:*** ¡Qué maravilla!	89

☐ *EXPERIMENTAR: HACER UN EXPERIMENTO PARA VER QUÉ COSAS SON SEMILLAS*

Lección 2 ¿Dónde viven las plantas? 90

Destrezas Aprender a leer una gráfica de barras 95

☐ *COMUNICAR: LEER UNA GRÁFICA, TABLA, MAPA O DIAGRAMA*

Lección 3 ¿Cómo usamos las plantas? 96

Actividad ***Explora:*** ¿Cómo puedes hacer hilo del algodón 100

☐ *OBSERVAR: DESCRIBIR LOS CAMBIOS DE UNA FIBRA AL RETORCERLA*

Conectemos lo aprendido *UN ORGANIZADOR GRÁFICO* 101

Repaso del capítulo 102

Concluyamos la unidad **Carreras** 104

Conectemos las ideas en ciencias, conexión

con la computadora 105

Ciencias en la literatura: *Venados en el arroyo* 106

escrito e ilustrado por Jim Arnosky

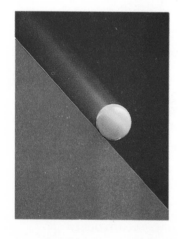

Unidad 2
Física

Capítulo 4 **Aprendamos sobre el mundo**   114

Lección 1 ¿Cómo aprendemos? 116

Actividad ***Explora:*** ¿De cuántas formas puedes agrupar cosas? . . 119

☐ *CLASIFICAR: AGRUPAR OBJETOS Y DECIR CÓMO SE FORMAN GRUPOS*

Lección 2 ¿Cuánto miden las cosas? 120

Destrezas Aprende a medir longitud 123

☐ *MEDIR: ESTIMAR Y MEDIR LONGITUD EN UNIDADES MÉTRICAS*

Lección 3 **¿Cuánto pesan las cosas?** 124

Actividad ***Exploremos:*** ¿Cuál es la más pesada? 127

☐ *RECONOCER RELACIONES: PONER OBJETOS EN SECUENCIA POR EL PESO*

Lección 4 **¿Cuánto cabe dentro de las cosas?** 128

Actividad ***Resolver problemas:*** ¡Frijoles y más frijoles! 132

☐ *MEDIR: COMPARAR VOLÚMENES USANDO MEDIDAS NO CONVENCIONALES*

Conectemos lo aprendido *UN ORGANIZADOR GRÁFICO* 133

Repaso del capítulo 134

Capítulo 5 **Cómo se mueven las cosas** 136

Lección 1 **¿Cómo se mueven las cosas?** 138

Destrezas Di lo que puede pasar 143

☐ *PREDECIR: USAR REPETIDAS OBSERVACIONES DE CASOS PARA PREDECIR UN SUCESO*

CTS ¿Cómo caminan las máquinas? 144

Lección 2 **¿Qué clases de fuerza existen?** 146

Actividad ***Explora:*** ¿Qué puede atraer un imán? 149

☐ *PREDECIR: USAR LO QUE SE SABE PARA PREDECIR QUÉ OBJETOS TIENEN IMÁN*

Lección 3 **¿Para qué usamos las máquinas?** 150

Actividad ***Exploremos:*** ¿Hacen más fácil el trabajo las

rampas? 154

☐ *OBSERVAR: REUNIR DATOS PARA DEMOSTRAR QUE UNA RAMPA HACE MÁS FÁCIL EL TRABAJO*

Conectemos lo aprendido *UN ORGANIZADOR GRÁFICO* 155

Repaso del capítulo 156

Concluyamos **Carreras** 158

la unidad **Conectemos las ideas en ciencias, proyecto de**

la unidad 159

Ciencias en la literatura: *Rodando* 160

escrito por Dayle Ann Dodds, ilustrado por Thacher Hurd

Unidad 3
Geología

Capítulo 6   Observemos el cielo   168

Lección 1   ¿Cómo cambia el cielo?. 170

Destrezas   Lee una tabla de datos 173
  ☐ *INTERPRETAR DATOS: INTERPRETAR DATOS EN FOTOS, DIAGRAMAS, TABLAS Y GRÁFICAS*

Lección 2   ¿Cómo se ve la Luna? 174

Actividad   ***Exploremos:*** ¿Por qué se ve pequeña la Luna?. 177
  ☐ *HIPOTETIZAR: HACER UN ENUNCIADO DICIENDO POR QUÉ SE VE PEQUEÑA LA LUNA*

Lección 3   ¿Cómo se ven las estrellas? 178

Actividad   ***Explora:*** ¿Cómo puedes hacer figuras de estrellas? . . 181
  ☐ *HACER MODELOS: DIBUJAR UN GRUPO DE ESTRELLAS EN POSICIÓN CORRECTA*

CTS   ¿Qué sucedió anoche en el cielo? 182

Lección 4   ¿Qué hora es? 184

Actividad   ***Resolver problemas:*** Mi sombra y yo 188
  ☐ *EXPERIMENTAR: DESARROLLAR UNA INVESTIGACIÓN SOBRE EL LARGO DE LAS SOMBRAS*

Conectemos la aprendido *UN ORGANIZADOR GRÁFICO*

Repaso del capítulo

Capítulo 7   Observemos la Tierra   192

Lección 1   ¿Cómo se ve la Tierra desde el espacio? 194

Actividad   ***Explora:*** ¿Qué cubre casi toda la Tierra? 197
  ☐ *INTERPRETAR DATOS: DETERMINAR SI EN LA TIERRA HAY MÁS AGUA O MÁS TIERRA*

Lección 2 ¿Cómo se ve la Tierra desde un avión? 198

Destrezas Di lo que hiciste y lo que viste 203

    ☐ *DEFINIR: IDENTIFICAR LO QUE SE HACE Y SE OBSERVA EN UNA INVESTIGACIÓN*

Lección 3 ¿Cómo se ve la Tierra desde aquí? 204

Actividad ***Resolver problemas:*** Figuras en la arena 210

    ☐ *INFERIR: IDENTIFICAR LOS CAMBIOS PRODUCIDOS POR EL AGUA EN UNA FORMACIÓN*
       DE ARENA

    Conectemos lo aprendido *UN ORGANIZADOR GRÁFICO* 211

    Repaso del capítulo 212

Capítulo 8 **Cambios del tiempo** 214

Lección 1 ¿Cómo cambia el tiempo? 216

Actividad ***Resolver problemas:*** ¡Que llueva! ¡Que llueva! 219

    ☐ *EXPERIMENTAR: CONSTRUIR UNA MEDIDA PARA LLUVIA CON MATERIALES SIMPLES*

Lección 2 ¿Cómo cambian las nubes? 220

Actividad ***Explora:*** ¿Cómo se mueven y cambian las nubes? . . . 223

    ☐ *OBSERVAR: OBSERVAR EL CAMBIO DE UNA NUBE DURANTE UN PERÍODO DE TIEMPO*

Lección 3 ¿Cómo cambia el tiempo durante el año? 224

Destrezas Observa cómo cambian las cosas 229

    ☐ *OBSERVAR: IDENTIFICAR CAMBIOS*

Lección 4 ¿Por qué debes saber sobre los cambios
    del tiempo? 230

Actividad ***Exploremos:*** ¿Cómo puedes mostrar los cambios
    del tiempo? 234

    ☐ *COMUNICAR: ANOTAR DATOS SOBRE EL TIEMPO DURANTE UNA SEMANA*

    Conectemos lo aprendido *UN ORGANIZADOR GRÁFICO* 235

    Repaso del capítulo 236

Concluyamos la unidad   Carreras 238

Conectemos las ideas en ciencias, proyecto de
la unidad 239

Ciencias en la literatura: *Quiero ser astronauta* 240
escrito e ilustrado por Byron Barton

Unidad 4
El cuerpo humano

Capítulo 9   **Creciendo**   248

Lección 1   **¿En qué te diferencias de los demás?** 250

Actividad   ***Explora:*** ¿Son iguales todas las huellas digitales? 253
☐ OBSERVAR: OBSERVAR SIMILARIDADES Y DIFERENCIAS EN HUELLAS DIGITALES

Lección 2   **¿Cómo eras cuando eras un bebé?** 254

Destrezas   Haz preguntas 257
☐ HIPOTETIZAR: HACER UNA PREGUNTA

Lección 3   **¿Cómo eras cuando eras pequeño?** 258

Actividad   ***Exploremos:*** ¿Qué color de ojos ves? 261
☐ COMUNICAR: ANOTAR EN UNA GRÁFICA EL COLOR DE OJOS MÁS COMUN

Lección 4   **¿Cómo estás cambiando?** 262

Actividad   ***Resolver problemas:*** ¿Quién soy yo? 266
☐ INTERPRETAR DATOS: JUNTAR DATOS Y OBJETOS QUE TE REPRESENTEN

Conectemos lo aprendido UN ORGANIZADOR GRÁFICO 267

Repaso del capítulo 268

Capítulo 10   El cuidado del cuerpo   270

Lección 1   **¿Cómo te mantienes sano?** 272

Actividad   *Exploremos:* ¿Qué bocados tienen mucha grasa? 275

☐ *CLASIFICAR: AGRUPAR COMIDAS POR EL CONTENIDO DE GRASA*

Lección 2   **¿Por qué debes estar limpio?** 276

Destrezas   Di lo que pasa después 279

☐ *USAR VARIABLES: FORMAR ENUNCIADOS DE "SI...ENTONCES"*

CTS   ¿Por qué pone ropa a prueba este robot? 280

Lección 3   **¿Quién te ayuda a estar sano?** 282

Actividad   *Explora:* ¿Cómo te ayudan en la escuela a

mantenerte sano? 286

☐ *COMUNICAR: ENTREVISTAR GENTE SOBRE CÓMO SUS TRABAJOS TIENEN*
RELACIÓN CON SEGURIDAD Y SALUD

Conectemos lo aprendido *UN ORGANIZADOR GRÁFICO* 287

Repaso del capítulo 288

Concluyamos   **Carreras** 290
la unidad   **Conectemos las ideas en ciencias, conexión**

con la calculadora 291

Ciencias en la literatura: Poemas 292

«Todos mis sombreros» por Richard J. Margolis

«Dos ruedas» por Richard J. Margolis

«Lo que vamos a ser» por Alma Flor

Glosario   299
Índice   308
Créditos   316

Cuidando a Daisy

¿Te gustaría tener una jirafa?

Esta señora tiene una.

La señora es Betty Leslie-Melville.

Vive en África.

Las jirafas viven en África también.

Las jirafas están en peligro.

Algunas personas están matando jirafas.

Un amigo llamó a Betty y a su esposo Jock.
Quería salvar las jirafas. Les preguntó:

—¿Pueden llevar una cría de jirafa a casa?

—Sí, —contestó Betty—. Queremos ayudar.

No fue fácil atrapar la jirafa.

Tampoco fue fácil meterla en la camioneta.

La jirafa necesitaba comer y descansar.

Betty y Jock la llevaron a un establo.

Destrezas

Piensa en cosas que puedas usar

RAZONEMOS

Betty y Jock querían atrapar una jirafa.

Pensaron en qué cosas usarían.

Pensar en lo que vas a usar es una destreza.

En ciencias vas a usar destrezas.

Vas a hacer preguntas.

Vas a buscar respuestas.

Practica

1. Piensa cómo atrapar una jirafa
   sin lastimarla.

2. Piensa qué cosas usar.

3. Haz una lista.

4. ¿Dónde encontrarás esas cosas?

Aplica

Quieres llevar una jirafa a un lugar seguro.

Piensa qué cosas usarías.

¿Dónde encontrarás esas cosas?

—Te llamaremos Daisy —le dijo Betty.

Jock le dio un poco de leche.

Daisy no quiso tomarla.

Sin comer, Daisy se moriría.

Por fin Daisy metió el hocico en la leche.

Después tomó un gran trago.

Betty y Jock se pusieron muy contentos.

Abrazaron a Daisy.

La leche se salpicó por todas partes.

Entonces Daisy lamió los dedos de Betty.

—Debe haber otra forma de que comas —dijeron.

Resolver problemas
No llores por leche derramada

ACTIVIDAD

¿Qué es resolver problemas?

Es encontrar respuestas a las preguntas.

Tú puedes resolver problemas.

Hay cuatro pasos que seguir.

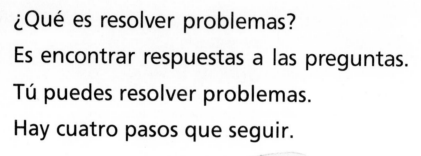

Piensa

Planea

Actúa

Comparte

Betty y Jock tenían un problema.

Tenían que resolver cómo dar de comer a Daisy.

Trata de resolver ese problema.

¿Cómo darías de comer a una cría de jirafa?

Piensa   ¿Qué ideas te da el cuento?

               ¿Cómo da la gente de comer a los bebés?

Planea   ¿Con qué le puedes dar de comer?

               ¿Qué cosas necesitas para hacerlo?

Actúa   Consigue lo que necesitas.

               Haz algo para darle de comer.

Comparte   Muestra y explica lo que hiciste.

Daisy necesitaba una casa.

Un corral es como una casa.

Betty y Jock le hicieron un corral.

Se lo hicieron juntos.

Daisy no corría peligro en su corral.

Allí comía y dormía.

Daisy se podía rascar en una cobija vieja.

Llegó a conocer a Betty y a Jock.

En pocas semanas ya no necesitó el corral.

Exploremos

¿Cómo puedes hacer un corral para una jirafa?

ACTIVIDAD

Unas personas ayudaron a la jirafa.

Trabajaron juntas.

Tú también trabajarás con otros.

Todos van a tener un trabajo que hacer.

Los **Organizadores** consiguen lo necesario.

Los **Líderes** usan las cosas.

Los **Ayudantes** ayudan a los líderes.

Los **Secretarios** hacen dibujos y escriben.

Los **Reporteros** dicen lo que hizo el grupo.

Todos quiere decir que todos ayudan.

Necesitan

Organizador(a) plastilina · cartulina · palitos ·
pegamento · tijeras

Qué hacer

Ayudante **1.** Haz el fondo con cartulina y plastilina.

Líder **2.** Haz los lados con
palitos y pegamento.

Secretario(a) **3.** Recorta la foto de una jirafa.
Ponla en el corral.

¿Qué aprendieron?

Todos **1.** ¿Es bastante alto el corral?

Reportero(a) **2.** Explica cómo el grupo hizo el corral.

25

Betty quería ayudar a otra jirafa.

Trajo a casa a Marlon, otra cría de jirafa.

Daisy y Marlon comían todo el día.

Así crecieron mucho.

Ahora Daisy y Marlon son grandes.

Daisy tiene su propia cría.

Destrezas
Pon las cosas en orden

Miras algunos dibujos.

Te das cuenta de cuál ocurrió primero.

Después los pones en orden.

a

b

c

Practica

1. Fíjate en los dibujos de Daisy.

2. Empieza con el de Daisy cuando era chiquita.

3. Pon los dibujos en orden.

Aplica

Mira las plantas que come Daisy.

Ponlas en orden según el tamaño.

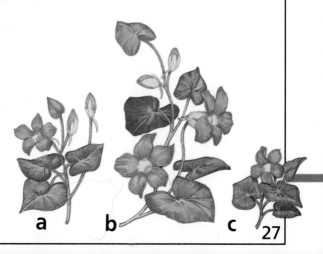

a   b   c

Betty tiene ahora siete jirafas.

Muchos niños vienen a verlas.

Hacen preguntas y reciben respuestas.

Aprenden ciencias y a la vez se divierten.

Tú también te divertirás con las ciencias.

Piensa en el cuento de Daisy.

¿Qué más te gustaría saber sobre los animales?

¿Qué crees que vas a aprender sobre ciencias?

Horizontes en CIENCIAS

BIOLOGÍA

Capítulo 1   **Los seres vivientes**   p. 30

Capítulo 2   **Cara a cara con los animales**   p. 54

Capítulo 3   **Aprendamos sobre las plantas**   p. 80

Los seres vivientes

¿Ves un palito con patas?

No es un palito.

Es un insecto.

Se llama caballo de palo.

Algunos animales parecen plantas. Otros se confunden con la tierra. Algunos se parecen a otros animales. ¿Cómo se esconden estos animales?

En este capítulo aprenderás cómo los seres vivientes se mantienen vivos.

1. ¿Qué son los seres vivientes?

Empecemos

Estos cachorros son seres vivientes.
¿Qué están haciendo?

Para aprender:

seres vivientes

Los **seres vivientes** se mueven de muchas formas.

¿Cómo se mueven los cachorros?

Los seres vivientes necesitan alimento.

Los cachorros toman leche de su madre.

▼ Cobradores rubios

▲ Pastores escoceses
  fronterizos

Los seres vivientes crecen.

¿Qué son los cachorros cuando crecen?

Los seres vivientes pueden tener crías.

Estos cachorros son crías.

¿Cómo serán cuando crezcan?

▼**Perro salchicha**   ▼**Pastores alemanes**

▲ Nubes de tormenta

Hay cosas que parecen tener vida.

¿Tienen vida las nubes y el fuego?

Se mueven.

Parecen crecer.

Sin embargo no son seres vivientes.

▲ Fuego

Repaso de la lección

1. ¿Qué pueden hacer los seres vivientes?

2. ¿Por qué parecen tener vida las nubes y el fuego?

¡Piensa! Inventa un nuevo ser viviente.

Di cómo se mueve, come y crece.

Resolver problemas
En movimiento

Este objeto se mueve.
Se mueve de muchas maneras.
¿De cuántas maneras puedes
hacer que se mueva?

¿Tiene vida este objeto?
¿Cómo lo sabes?
Recuerda lo que pueden hacer los seres vivientes.

2. ¿En qué se diferencian las plantas de los animales?

Empecemos

Piensa en qué formas te mueves. ¿Cómo mueves el cuerpo sin mover los pies?

Para aprender:

moverse

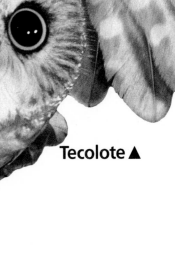

Tecolote ▲

Ve a la página 106. Lee **Venados en el arroyo**. Di por qué van los venados al arroyo.

Las plantas son seres vivientes.

Los animales son seres vivientes.

Pueden **moverse**.

Los animales van de un lugar a otro.

¿Cómo se mueve este tecolote?

Las plantas también se mueven.

No se mueven de un lugar a otro.

Se mueven de otra forma.

Las flores se abren y se cierran.

¿Cómo sabes que esta flor se mueve?

Campanilla ▲

Las plantas y los animales necesitan alimento.

Lo obtienen de distintas maneras.

Las plantas hacen su alimento.

Los animales tienen que buscarlo.

▼ Escarabajo

▲ Prímula

Repaso de la lección

1. ¿Cómo se mueven las plantas y los animales?

2. ¿Cómo obtienen alimento?

¡Piensa! Si los animales se quedaran en un mismo lugar, ¿cómo podrían sobrevivir?

Destrezas

Agrupa seres vivientes

Algunos animales tienen plumas.

Otros animales no las tienen.

Puedes poner los animales en estos

dos grupos.

Practica

1. Mira las fotos de los animales.

2. Mira cuántas patas tiene cada uno.

3. Agrupa los animales según el número de patas que tienen.

4. ¿Cuáles son los dos grupos?

▲ Petirrojo

▲ Perro

▲ Potro

Aplica

Busca fotos de plantas.

Agrupa las fotos.

Flamingo ▶

3. ¿Qué necesitan las plantas y los animales?

Empecemos

¿Tienes plantas en tu casa?

¿Cómo las cuidas?

Para aprender:

vivienda

Las plantas necesitan luz y calor.

Obtienen luz y calor del sol.

También necesitan aire, tierra y agua.

Flores silvestres ▼

▲ Mariposa

▲ Pez

Los animales necesitan alimento.

También necesitan agua y aire.

El aire rodea a esta mariposa.

Este pez toma aire del agua.

41

Hoyo de tejón ▲

Los animales necesitan dónde vivir.

Una **vivienda** es un lugar seguro.

Los tejones hacen hoyos en la tierra.

¿Dónde viven las avispas?

Repaso de la lección

1. ¿Qué necesitan las plantas para vivir?

2. ¿Qué necesitan los animales para vivir?

¡Piensa! ¿Por qué necesitan los tejones
una vivienda diferente a la de las avispas?

Colmena ▲

Explora

ACTIVIDAD

¿Cómo puedes hacer una casa para caracoles?

Necesitas:

tierra · palitos · hojas · caja plástica · caracoles · agua · lechuga, zanahoria, manzana · envoltura plástica

Qué hacer

1. Pon tierra en la caja.
2. Riega la tierra salpicándola.
3. Añade hojas, palitos, alimento y los caracoles.

   ¡Ten cuidado! Lávate las manos.
4. Cubre la caja con el plástico.
5. Haz agujeros pequeños en el plástico.
6. Observa los caracoles todos los días.

¿Qué aprendiste?

1. ¿Qué hacen los caracoles?
2. ¿Cómo hiciste una vivienda para los caracoles?

¿Cómo puede la gente ayudar al salmón?

El salmón es un tipo de pez.

Solía poner huevos en este arroyo.

Pero el arroyo se ensució mucho.

Estos niños quisieron ayudar al salmón.

Recogieron la basura junto al arroyo.

ARROYO SALMONERO
POR FAVOR PROTÉJANLO

REUNIÓN
PÚBLICA

Pidieron a otros que limpiaran el agua.

Criaron huevos de salmón en un tanque.

Después pusieron los peces en el arroyo.

Pronto el salmón nadará hacia el mar.

Algunos de ellos volverán.

Pondrán sus huevos en el arroyo limpio.

Pensemos sobre esto

1. ¿Por qué debe estar limpia el agua?

2. ¿Por qué necesita la gente lugares limpios para vivir y trabajar?

Usemos lo aprendido

¿Qué necesita limpieza en tu escuela?
Haz planes para limpiarlo.

4. ¿Cómo se ayudan las plantas y los animales?

Empecemos

Los castores construyeron esta represa.

¿Qué usaron para construirla?

Castor moviendo una planta ▲

▲ Madriguera de castor

Muchos animales usan plantas para vivir.

Este castor cortó parte de una planta.

Está construyendo una vivienda.

La vivienda de un castor es una madriguera.

▲ Castor comiendo
una planta

Muchos animales usan plantas como alimento.

¿Qué está comiendo este castor?

Las plantas también necesitan a los animales.

Las lombrices dejan su desperdicio en la tierra.

Hacen túneles en la tierra.

Así la tierra es mejor para las plantas.

Estos animales dejan caer semillas.

De las semillas crecerán nuevas plantas.

Repaso de la lección

1. ¿Cómo ayudan las plantas a los animales?

2. ¿Cómo ayudan los animales a las plantas?

¡Piensa! ¿Cómo corta el castor un árbol?

Exploremos

¿Cómo hacen nidos las aves con ayuda de las plantas?

Necesitas:

Organizador(a)

zacate · tierra · bandeja de pastel

Qué hacer

Lider **1.** Entreteje el zacate.

Ayudante **2.** Ponlo en la bandeja.

Secretario(a) **3.** Haz dibujos que muestren cómo hiciste el nido.

¿Qué aprendiste?

Todos **1.** ¿En qué se parecen sus nidos a los de las aves?

Reportero(a) **2.** Explica cómo se hace un nido de ave.

Conexiones del capítulo

Piensa en las ideas del organizador.

Haz una función de títeres con estas ideas.

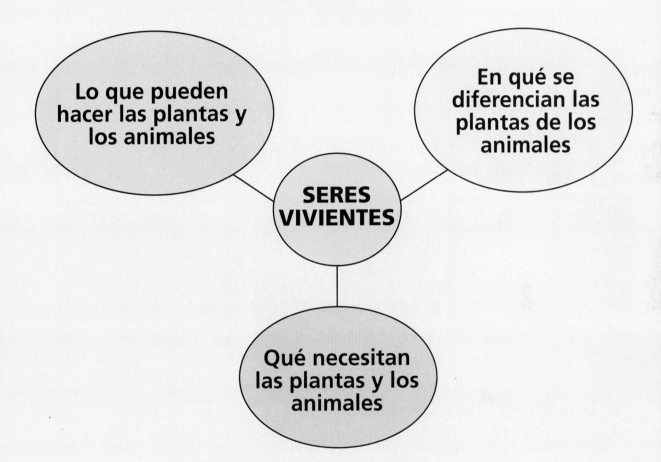

Escribir sobre ciencias • Persuadir

Piensa en un ser viviente.

Explica por qué crees que tiene vida.

Palabras en ciencias

Une cada palabra con la oración.

1. Una _____ es un lugar para vivir.   seres vivientes

2. Las plantas y los animales son _____.   se mueven

3. Cuando los cachorros corren, _____.   vivienda

Ideas en ciencias

1. ¿Cómo sabes que este cachorro tiene vida?

2. ¿Qué cosas no tienen vida?

a   b   c

3. Une cada foto con una oración.

   Se mueve de un lugar a otro.

   Hace sus alimentos.

a   b

4. ¿Qué necesitan estos seres vivientes para vivir?

5. ¿Cómo se ayudan estos seres vivientes?

Apliquemos las ideas en ciencias

Los peces necesitan vivir en agua limpia.

¿Cómo puede la gente mantener limpia el agua?

Usemos las destrezas en ciencias

Mira las flores.

Piensa en qué se parecen.

¿Cómo agruparías las flores?

Capítulo 2

Cara a cara con los animales

¿Qué hace esta mujer?

Saca fotos de los gansos.

¿Qué es lo que ve?

Ve gansos de cuello largo.

Nadan con pies palmeados.

Tienen plumas.

En este capítulo aprenderás cómo los animales usan partes del cuerpo.

1. ¿Para qué les sirven las partes del cuerpo a los animales?

Para aprender:

partes del

cuerpo

Estos animales viven en el bosque.

Se ayudan con las **partes del cuerpo.**

¿Cómo usa este pájaro las garras y el pico?

▼Pájaro

garra

pico

Las ardillas listadas tienen dientes afilados y garras.

Las orugas tienen partes de la boca para comer.

También tienen muchos pies pequeñitos.

¿Cómo usan estos animales las partes del cuerpo?

▲ Ardilla listada

Oruga ▶

Estos animales viven en el océano.

Se ayudan con las partes del cuerpo.

Los tiburones tienen aletas y cola para nadar.

aletas

cola

aletas

Un pulpo tiene ocho brazos.

Debajo de los brazos hay pequeños vasos.

El pulpo se sujeta con los brazos.

◀Pulpo

▼ Tiburón

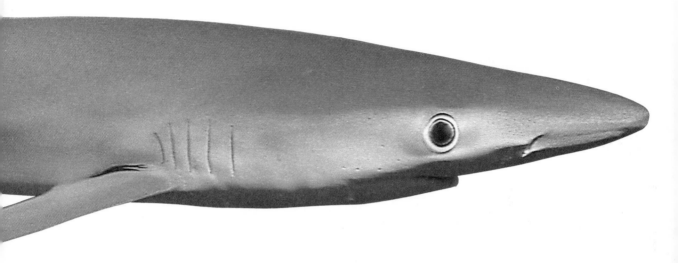

Las langostas tienen garras grandes.
¿Cómo usa esta langosta las garras?

◀ Langosta

59

◀ Tortuga

▼ Serpiente

boca —

Estos animales viven en el desierto.

La tortuga mastica plantas con la boca.

La serpiente puede abrir mucho la boca.

Los animales se ayudan con la boca para comer.

Repaso de la lección

1. ¿Cómo usan las partes del cuerpo los animales del bosque, del océano y del desierto?

¡Piensa! ¿Cómo se mueve una serpiente?

Destrezas

Saca ideas de las cosas que te rodean

Oyes unos golpecitos.

Ves un pájaro en un árbol.

Tienes la idea de que el

pájaro golpea el árbol.

Practica

Algunos lagartos viven cerca de plantas.

Otros lagartos viven cerca de rocas.

Mira las fotos.

Expresa tus ideas. ¿Dónde vive cada lagarto?

Aplica

Mira el insecto.

Escribe tus ideas.

Di cómo se mueve.

2. ¿Cómo se mueven los animales?

Empecemos

Piensa en animales que vuelan.
¿Con qué partes se ayudan?

▲ Falcón

▼ Murciélago

Los animales se mueven.

Pueden volar, trepar o nadar.

Estos animales usan las alas.

¿En qué se parecen las alas?

¿En qué se diferencian?

▲ Caracol

Estos animales pueden trepar.

La rana arbórea tiene patas pegajosas.

El caracol tiene también un pie pegajoso.

¿Qué usa el koala para trepar?

▼ Rana arbórea

▼ Koala

Estos animales pueden nadar.
Este lobo de mar tiene aletas.
¿Cómo nada esta tortuga?

Lobo de mar ▲

▲ Tortuga
de mar

Repaso de la lección

1. Di tres formas en que se mueven los animales.

2. ¿Con qué partes del cuerpo se ayudan?

¡Piensa! ¿En qué formas puedes moverte tú?

ACTIVIDAD

Resolver problemas
A paso de caracol

El caracol se mueve muy despacio.

Prefiere lugares oscuros y húmedos.

Le gustan las espinacas y la lechuga.

¿Cómo puedes hacer que un caracol se mueva?

Piensa cómo lo harías y después, inténtalo.

¡Ten cuidado! Lávate las manos.

¿Qué hizo moverse a tu caracol?

3. ¿Cómo comen los animales?

▲ Abeja

▲ Conejo

Hay animales que comen plantas.

Algunos comen otros animales.

Otros comen plantas y animales.

Estos animales comen plantas.

¿Qué partes del cuerpo usan?

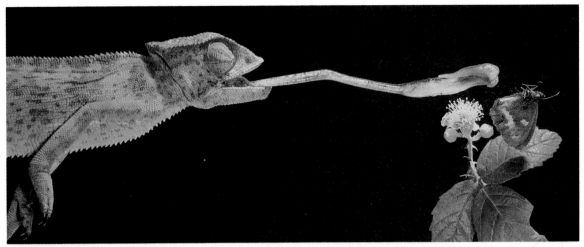

▲ Lagarto

Estos animales comen otros animales.

El lagarto usa la lengua.

La araña usa partes de la boca.

El frailecillo usa el pico.

¿Qué come cada animal?

▲ Araña

▲ Frailecillo

Los animales comen plantas y animales.
Este oso está comiendo un pez y una planta.
¿Qué partes del cuerpo usa?

▲ Oso negro

Repaso de la lección

1. ¿Qué comen los elefantes, los lagartos y los osos?

2. ¿Con qué partes del cuerpo se ayudan?

¡Piensa! ¿Qué alimentos come la gente?

Explora

¿En qué se diferencian los picos?

cardenal

garza

Necesitas:

2 pinzas de ropa · 2 paletitas · pegamento · popotes

Qué hacer

1. Pega dos paletitas a una pinza.
   Imagínate que es un pico largo.

2. Toma otra pinza.
   Es un pico corto.
3. Levanta un popote con el pico largo.
4. Levanta otro popote con el pico corto.

¿Qué aprendiste?

¿Qué pico será mejor para partir semillas?

¿Cómo puede la gente seguir a los animales?

¿Cómo estudia la gente los animales?

Una forma de hacerlo es siguiéndolos.

¿Por qué tiene un collar este alce?

Unas personas se lo pusieron.

CTS

El collar envía sonidos.

Un radio recibe los sonidos.

Entonces la gente sigue al alce.

Averiguan adónde va.

Así aprenden qué necesita para vivir.

Pensemos sobre esto

¿Cómo puede la gente ayudar a los animales siguiéndolos?

Usemos lo aprendido

Átate una campanita a la muñeca.

Muévete alrededor de la habitación.

Tus amigos deben cerrar los ojos.

¿Pueden adivinar dónde estás?

¿Pueden adivinar qué haces?

4. ¿Cómo nos sirven los animales?

Empecemos

Di qué comiste hoy.

Los animales nos sirven de alimento.
Conseguimos leche de las vacas.

Este hombre hace queso de leche.
¿Qué más se hace de la leche?

72

Los animales nos sirven para hacer ropa.

Hacemos suéteres de lana.

Hay chaquetas rellenas de plumas.

¿De dónde vienen la lana y las plumas?

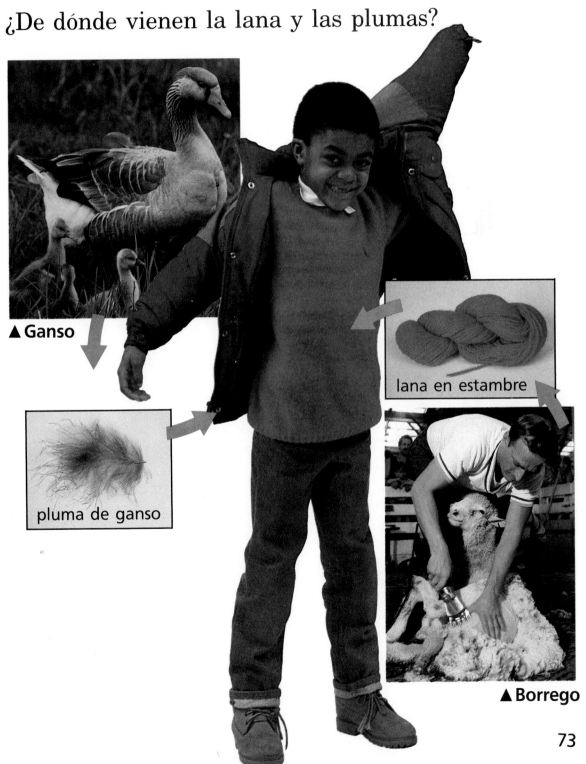

▲ Ganso

lana en estambre

pluma de ganso

▲ Borrego

Los animales nos entretienen.

Mucha gente tiene animales.

Este gato es suave y cariñoso.

¿Cómo te hace sentir un animal?

La gente va al zoológico.

¿Te entretienen los animales?

Explica cómo.

▲ Gato casero

▼ En el zoológico

Usamos animales para trabajar.

Esta mujer no ve.

¿Cómo la ayuda el perro?

◀Perro lazarillo

Repaso de la lección

1. ¿Qué conseguimos de los animales?

2. ¿Cómo nos entretienen y ayudan?

¡Piensa! ¿Para qué te sirven los animales?

Exploremos

¿De qué se hace la mantequilla?

Necesitan

Organizador(a) | frasco pequeño con tapa • crema fresca

Qué hacer

Director(a) | **1.** Llena el frasco con crema hasta la mitad.

Ayudante | **2.** Ponle la tapa y apriétala.

Secretario(a) | **3.** Anota lo que ves en el frasco.

Todos | **4.** Túrnense para agitar el frasco.

Paren después de diez minutos.

Secretario(a) | **5.** Anota lo que ves ahora en el frasco.

¿Qué aprendieron?

Todos | **1.** ¿Qué le ocurrió a la crema en el frasco?

Reportero(a) | **2.** Di cómo se hace la mantequilla.

Conexiones del capítulo

Escoge una idea del organizador.

Haz un organizador nuevo con esa idea.

Piensa en otras ideas parecidas.

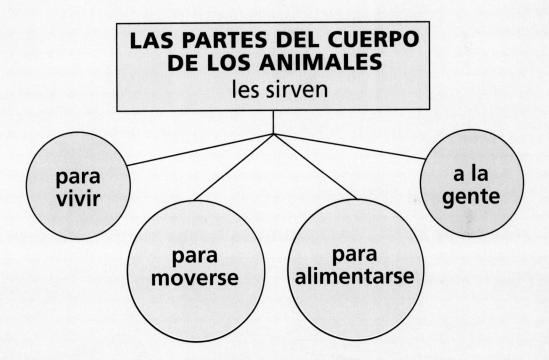

LAS PARTES DEL CUERPO DE LOS ANIMALES les sirven
- para vivir
- para moverse
- para alimentarse
- a la gente

Escribir sobre ciencias • Crear

Inventa un animal y dibújalo.

Escribe cómo usa las partes del cuerpo.

Escribe cómo se mueve y qué come.

Escribe cómo usa la gente ese animal.

Palabras en ciencias

Nombra cada animal.

Di cómo usa las partes del cuerpo.

a

b

c

Ideas en ciencias

1. ¿Con qué partes se ayudan estos animales para vivir?

a

b

c

2. ¿Cón que partes se ayuda un halcón para volar?

3. ¿Con qué partes se ayuda un elefante para comer?

4. ¿Para qué nos sirven estos animales?

a

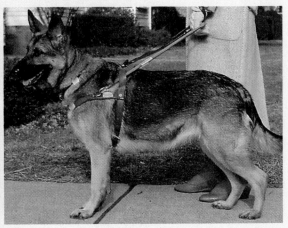
b

Apliquemos las ideas en ciencias

Las ballenas viven en el mar.

¿Cómo seguirías a una ballena?

Usemos las destrezas en ciencias

Mira el insecto.

Escribe tus ideas de cómo

el insecto usa las patas.

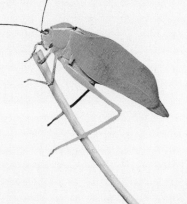

Capítulo 3

Aprendamos sobre las plantas

¿Puedes hacer un diseño de flores?

Podrías usar pinturas y papel.

Hay otras formas de diseñar.

Este diseño está hecho con plantas.

Así es como se ve desde un avión.

El artista primero aró el campo.

Después puso las semillas en la tierra.

Las plantas verdes formaron el florero.

Los girasoles formaron las flores.

¿Qué formó los centros de las flores?

En este capítulo aprenderás sobre partes de las plantas. Aprenderás dónde viven y cómo las usa la gente.

1. ¿Cómo agrupamos las plantas?

Empecemos

¿En qué se parecen estas plantas?

¿En qué se diferencian?

Para aprender:

hojas	conos
flores	tallos
semillas	raíces

Las plantas tienen partes.

Puedes agrupar plantas por sus partes.

Las **hojas** son parte de la planta.

La planta forma alimento en las hojas.

Todas estas plantas tienen hojas.
Algunas plantas tienen hojas planas.
Otras tienen hojas puntiagudas.
¿Cómo agruparías las hojas?

83

Las **flores** son parte de la planta.

Son de muchos tamaños y colores.

Algunas tienen muchos pétalos.

Otras tienen pocos pétalos.

¿Cómo son estas flores?

▼ Campánulas

▼ Ásteres

▼ Violetas

▲ Vara de oro

Las **semillas** también son parte de la planta.

De las semillas nacen nuevas plantas.

A veces las semillas se forman en las flores.

¿Dónde están las semillas en el girasol?

◀ Girasol

semillas

▲ Semillas

▲ Conos de cicuta

▼ Semillas en un cono

Conos de abeto ▲

En algunas plantas las semillas están en los **conos**.
Los conos tienen diferentes formas y tamaños.
¿Dónde están las semillas en este cono?

Los **tallos** son parte de la planta.

El agua y el alimento pasan por ellos.

Algunos tallos son duros.

Otros tallos son blandos.

¿Qué tallos agruparías?

◄**Abedules**

tallo

tallo

▲**Margaritas**

tallo

◄**Calabaza**

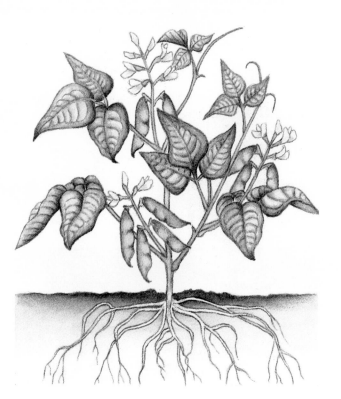

▲ Planta de haba

Las **raíces** son parte de la planta.

Mantienen la planta en su lugar.

Las raíces también absorben agua.

¿En qué se diferencian estas raíces?

▲ Planta de zanahoria

Repaso de la lección

1. ¿En qué parte de la planta se forma el alimento?

2. ¿Cómo ayudan las flores y los conos a las plantas?

3. ¿Para qué les sirven los tallos a las plantas?

4. ¿Para qué les sirven las raíces?

¡Piensa! ¿Qué pasaría si las plantas no tuvieran hojas?

Resolver problemas
¡Qué maravilla!

Hay semillas grandes.

Hay otras pequeñas.

Algunas semillas no parecen semillas.

Mira una bolsa con semillas y otras cosas pequeñas.

¡**Ten cuidado**! No metas nada en la boca.

¿Cómo puedes saber cuáles son las semillas?

Recuerda qué les pasa a las semillas.

Piensa en un plan.

Después, intenta seguirlo.

2. ¿Dónde viven las plantas?

Empecemos

Vas caminando por un bosque.

¿Qué ves a tu alrededor?

Para aprender:

bosque

desierto

estanque

▲ Musgos

Hay plantas en los bosques.

El **bosque** es húmedo y sombrío.

Árboles altos crecen muy juntos.

Poca luz llega al suelo del bosque.

▲ Helechos

Musgo y helechos crecen en el bosque.

Crecen en lugares húmedos y sombríos.

¿En qué se parecen el musgo y los helechos?

¿En qué se diferencian?

Cacto ▶

Este **desierto** es muy seco.

No llueve durante semanas.

Los cactos viven aquí.

Conservan el agua de la lluvia.

Los cactos tienen tallos gruesos.

Guardan el agua en los tallos.

Amapolas ▲

Cactos ▶

Las amapolas son plantas pequeñas del desierto.

No pueden guardar agua.

Crecen solamente cuando llueve.

93

Espadañas ▶

Muchas plantas viven en este **estanque**.

El agua del estanque es tranquila.

Di cómo son las plantas en este estanque.

Repaso de la lección

1. ¿Por qué hay helechos en el bosque?

2. ¿Cómo viven los cactos en el desierto?

3. ¿Dónde crecen las espadañas?

¡Piensa! ¿Tienes que regar un cacto a menudo?

94

Destrezas

Aprende a leer una gráfica de barras

Una foto muestra algo que pasó.

Una gráfica de barras es

como una foto.

Puede mostrar lo que pasó.

Practica

1. Mira la gráfica de barras.

2. El helecho necesita agua seis veces. Necesita más agua que las otras plantas.

3. ¿Qué planta necesita menos agua?

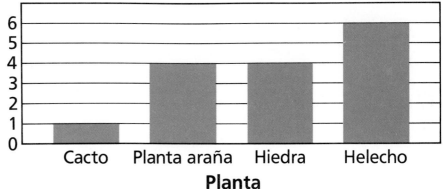

¿Con qué frecuencia necesitan agua las plantas?

Veces que se riega al mes

Cacto   Planta araña   Hiedra   Helecho

Planta

Aplica

¿Qué plantas necesitan la misma cantidad de agua?

3. ¿Cómo usamos las plantas?

Empecemos

¿Cuál es tu cereal favorito?

¿De qué planta viene?

La gente usa plantas como alimento.

El trigo es una planta.

¿Qué se hace de trigo?

Los plátanos vienen de plantas.

¿Cómo crecen los plátanos?

planta de
plátano

trigo

Hay ropa que se hace de plantas.

El algodón es una planta.

La blusa de la niña es de algodón.

Los árboles son plantas.

¿De qué árbol está hecha esta mesa?

algodón

roble

Usamos plantas para hacer casas.

Muchas se hacen de madera.

La madera viene de los árboles.

Fíjate en estas fotos.

¿Cómo se hacen casas de árboles?

Las plantas también nos gustan.

Mucha gente tiene plantas en sus casas.

Algunas personas cultivan vegetales.

¿Cómo disfrutas de las plantas?

Repaso de la lección

1. ¿Qué alimentos vienen de las plantas?

2. ¿Qué ropa viene de las plantas?

3. ¿Cómo usamos plantas para hacer casas?

4. ¿Cómo disfrutamos de las plantas?

¡Piensa! Haz una lista de cosas de madera en tu clase.

Explora

¿Cómo puedes hacer hilo del algodón?

Necesitas:

bolita de algodón • regla métrica • lupa

Qué hacer

1. Toma una bolita de algodón.
2. Toma un poquito de algodón con la otra mano.
3. Estira y retuerce suavemente.
4. Con una regla mide el hilo.
5. Mira el hilo con una lupa.

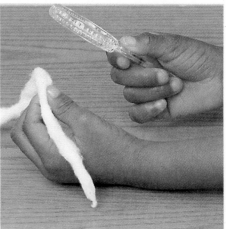

¿Qué aprendiste?

1. ¿Cómo cambió de forma el algodón?
2. ¿Cuánto mide el hilo?

Conexiones del capítulo

Habla sobre lo que aprendiste en este capítulo.

Usa el organizador para recordarlo.

Haz un dibujo de algo que aprendiste.

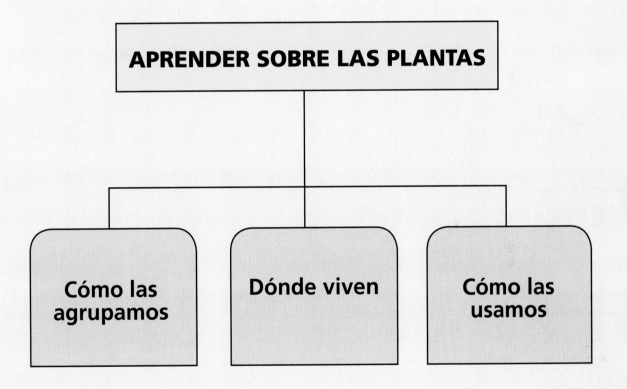

Escribir sobre ciencias • Imaginar

Supón que quieres plantar para comer.

¿Qué plantas escogerías? ¿Por qué?

Haz un dibujo de tus plantas.

Palabras en ciencias

A. Une la palabra y la parte de la planta.

conos

flores

hojas

raíces

semillas

tallos

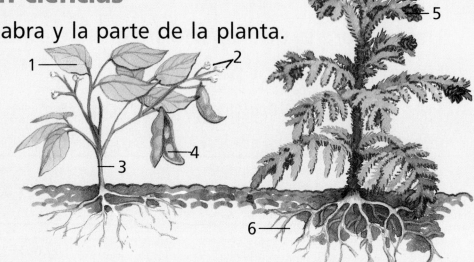

B. ¿Cómo son estos lugares donde viven las plantas?

bosque

desierto

estanque

Ideas en ciencias

1. ¿Qué plantas puedes agrupar?

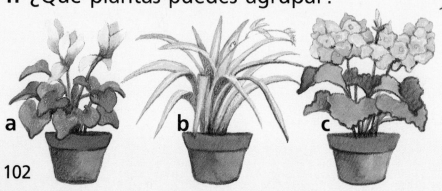

a   b   c   d

2. ¿Dónde vive cada planta?

a

b

c

3. ¿Cómo se usan estas plantas aquí?

a

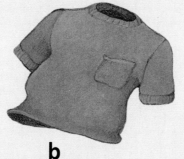
b

c

Apliquemos las ideas

Nombra un alimento de planta.

¿Qué parte es el alimento?

Usemos las destrezas

Mira esta gráfica.

¿Qué planta es la más alta?

La planta B es la más baja.

¿Cómo lo sabes?

¿Qué altura tienen las plantas?

Número de unidades

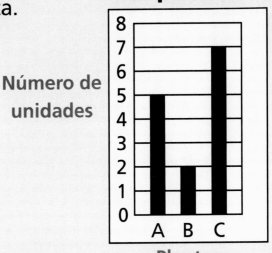

Plantas

103

Carreras

Veterinaria (o)

Lynda Ashford–Scales es **una veterinaria.**

Lynda tiene un hospital para animales en Michigan.

Da inyecciones a los gatos y a los perros.

Da medicina a los conejos.

Cuida a los animales que se hacen daño.

Lynda estudió para ser doctora de animales.

« Me gusta ayudar a los animales » dice.

Conectemos las ideas en ciencias

1. Imagínate que fueras veterinario de animales marinos. ¿Cómo harías tu trabajo? **Profesiones; Capítulo 2**

2. Piensa en la última comida que hiciste. ¿Qué alimentos venían de animales? ¿Qué alimentos venían de plantas? **Capítulo 2; Capítulo 3**

3. Leíste sobre la limpieza de un arroyo. Nombra otras viviendas de animales que la gente debe mantener limpias. **Capítulo 1; Capítulo 2**

4. En la página 29 viste un tigre.
   ¿Dónde vive?
   ¿Cómo come?
   ¿Cómo se mueve?
   Capítulo 1; Capítulo 2

Conexión con la computadora

Puedes hacer que un animal de juguete se mueva.

Aprende a mover una tortuga de logotipo.

Haz que la tortuga brinque como un conejo.

Haz que se arrastre como una culebra.

Venados junto al arroyo

Selección de

Deer at the Brook
(traducción)

Escrito e ilustrado por

JIM ARNOSKY

Un arroyo es un pequeño río.

Muchos animales llegan al arroyo.

¿Qué animales, crees tú, estarán allí?

El arroyo es un lugar luminoso—
reflejos en el agua, agua que corre.
El arroyo es un lugar
adonde los venados llegan.

Unos llegan solos.

Otros en manada.

Las madres traen sus crías

a beber . . .

y a comer.

Caminan por el agua.
Miran los peces saltar.

Juegan en la arena.

y duermen al sol.

Reflejos en el agua, agua que corre—

el arroyo es un lugar luminoso.

Reacción del lector

¿Qué harías si fueras a un arroyo?

Continuación de la selección

Venados junto al arroyo

Reacción a la lectura

1. ¿Qué hace un venado junto al arroyo? Comparte tus ideas con tus compañeros.

2. ¿Cuál es tu lugar favorito para ver animales? Di qué animales ves allí.

3. Haz un dibujo de un arroyo y de los animales que allí van.
   Escribe los nombres de los animales que has dibujado.

Libros para disfrutar

La lana por Virginia Armellade Aspe. Descripción de cómo la lana es trasformada en estambre. Con ilustraciones de la cultura mexicana.

Esteban pío pío por Rita Culla. Este libro, ilustrado en brillantes colores, describe a un niño a quien le gusta jugar con toda clase de aves.

Horizontes en CIENCIAS

FÍSICA

Capítulo 4   **Aprendamos sobre el mundo**   **p. 114**

Capítulo 5   **Cómo se mueven las cosas**   **p. 136**

Aprendamos sobre el mundo

¿Te gusta hacer burbujas?

A esta persona le gusta mucho.

Hace burbujas tan grandes como tú.

Este hombre hace cadenas de burbujas.

¿Cuántas burbujas hay en esta cadena?

¿Qué puedes hacer tú con burbujas?

En este capítulo aprenderás a medir cosas.

1. ¿Cómo aprendemos?

Empecemos

Mira alrededor de la clase.

Haz una lista de lo que ves.

Para aprender:

sentidos

textura

Sesame Place, Langhorne, PA

En un parque de atracciones usas los sentidos.

Con los **sentidos** puedes ver, oír y oler.

Con los sentidos también puedes saborear y tocar.

Los sentidos te ayudan a aprender.

Sesame Place, Langhorne, PA

¿Qué colores y formas ves?

¿Qué sonidos oirías aquí?

¿Qué podrías oler y saborear?

¿Qué cosas podrías tocar y sentir?

Textura es la sensación de una cosa al tocarla.

Estas fotos ampliadas muestran varias texturas.

Di cómo serán estas texturas al tocarlas.

¿Serán ásperas, suaves, duras o blandas?

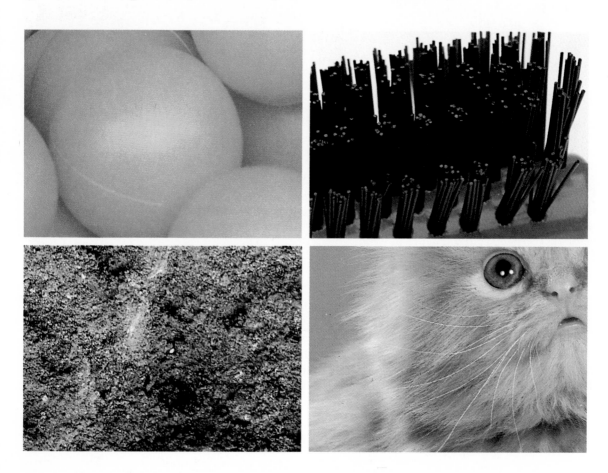

Repaso de la lección

1. ¿Cómo usamos los sentidos para aprender?

2. Escoge algo en tu salón de clase.

   Explica su color, tamaño, forma y textura.

¡Piensa! ¿Qué sentido es más importante? ¿Por qué?

Explora

¿De cuántas formas puedes agrupar cosas?

Necesitas

muchas cosas pequeñas ·

círculos de estambre

Qué hacer

1. Usa los sentidos para estudiar estas cosas.

   ¡Ten cuidado! No las acerques a la cara.

2. Piensa cómo agruparlas.

3. Pon en cada círculo las que son iguales.

4. Piensa en otra forma de agruparlas.

5. Forma nuevos grupos con círculos de estambre.

¿Qué aprendiste?

1. ¿Qué sentidos te ayudaron a agrupar estas cosas?

2. ¿De cuántas formas las agrupaste?

2. ¿Cúanto miden las cosas?

Empecemos

Mira a tu alrededor.

Busca cosas largas.

Busca cosas cortas.

Para aprender:

longitud

medir

Esta niña está haciendo una casa.

Usa bloques rojos y azules.

¿Cuál de los bloques es más largo?

¿Cómo lo sabes?

La **longitud** te dice el largo de las cosas.

La niña quiere saber el largo del bloque azul.

Usa bloques rojos para **medir** el bloque azul.

¿Cuántos bloques rojos mide un bloque azul?

Estas personas pescaron un pez.

Ponen una regla debajo del pez.

Leen el número que queda junto a la boca.

¿Cuánto mide el pez?

Repaso de la lección

1. ¿Cómo se puede medir longitud sin una regla?

2. ¿Cómo se usa una regla para medir?

¡Piensa! ¿Qué puedes usar para medir longitudes?

RAZONEMOS

Destrezas
Aprende a medir longitud

Quieres saber cuánto mide algo.

Puedes medirlo con una regla.

Practica

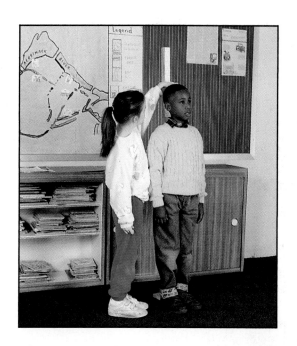

1. Mira la regla métrica.
   Está marcada en
   centímetros.
2. Mira un lápiz.
   Calcula cuánto mide.
3. Pon el lápiz junto a
   la regla.
   Mide el largo del lápiz.

Aplica

Calcula cuánto miden otras cosas.

Después mídelas.

3. ¿Cúanto pesan las cosas?

Empecemos

Mira alrededor de tu habitación.

¿Qué cosas son fáciles de levantar?

¿Qué cosas son muy pesadas?

Para aprender:

balanza

peso

Esta niña sostiene un gato.

También sostiene un gatito.

Ella nota cuál es más pesado.

124

Para medir el peso se usa una **balanza**.

El **peso** te dice cuánto pesan las cosas.

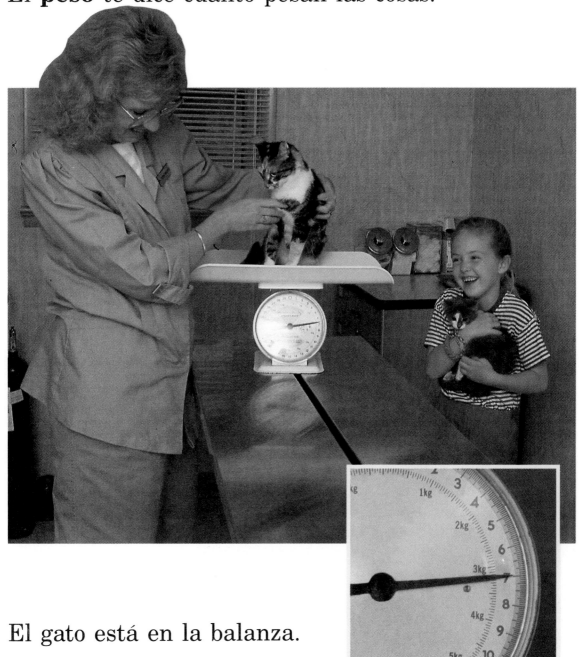

El gato está en la balanza.

Mira el frente de la balanza.

La flecha indica el peso.

¿Cuánto pesa el gato?

Mucha gente usa balanzas.

Una balanza está en el correo.

El peso se muestra en la pantalla.

La otra está en una tienda.

La aguja muestra el peso.

Repaso de la lección

1. Tienes dos cajas.

¿Cómo puedes saber cuál pesa más?

2. ¿Para qué se usa la balanza en una tienda?

¡Piensa! Nombra algo que sea pequeño pero pesado.

Exploremos

¿Cuál es la más pesada?

ACTIVIDAD

Necesitas

Organizador(a)

3 cosas
pequeñas ·
balanza

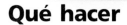

Qué hacer

Director(a) **1.** Toma cada una de las cosas.
Trata de adivinar cuál es más pesada.
¡Ten cuidado! No acerques las cosas
ni a los ojos ni a la boca.

Secretario(a) **2.** Dibújalas por orden de peso.

Ayudante **3.** Pesa cada una en la balanza.

Secretario(a) **4.** Escribe cuánto pesa cada una.
Dibújalas por orden de peso.

¿Qué aprendieron?

Todos **1.** ¿Acertaron? o ¿en cuánto se equivocaron?

Reportero(a) **2.** ¿Cuál es la más pesada?

4. ¿Cúanto cabe dentro de las cosas?

Empecemos

Fíjate en estos frascos.

Adivina en cuál cabe más.

En algunas cosas cabe más que en otras.

Tienen más espacio dentro.

En algunas cosas no cabe mucho.

Tienen menos espacio dentro.

Estas cajas tienen la misma forma.

Es fácil decir en cuál cabe más.

Una caja es más grande que la otra.

¿En cuál cabe más?

Supongamos que tienes mucha sed.

Quieres el vaso que tenga más jugo.

Estos vasos tienen formas distintas.

Es difícil saber en cuál cabe más.

Una manera de saberlo es midiendo.

Ahora los vasos están vacíos.

Echamos el jugo en tres tazas para medir.

¿Qué vaso tenía más jugo?

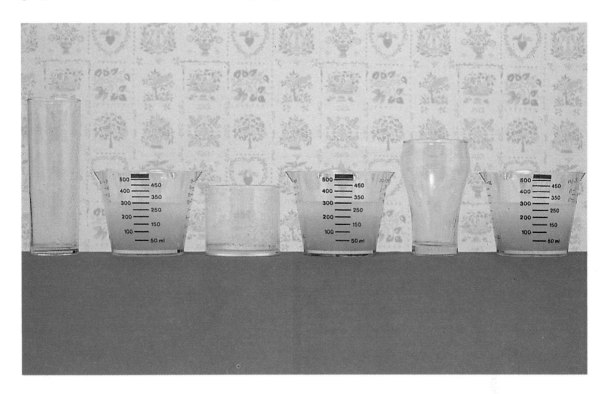

Repaso de la lección

1. Hay dos cajas que tienen la misma forma.
¿Cómo puedes saber en cuál caben más canicas?

2. ¿Cómo puedes medir cuánta agua
cabe en algo?

¡Piensa! ¿Cómo medirías el agua que cabe en
una tina de baño?

Resolver problemas
¡Frijoles y más frijoles!

¡Frijoles, frijoles y más frijoles!

¿Dónde podemos poner tantos frijoles?

Busca cosas donde quepan estos frijoles.

¿En qué cosa caben más frijoles?

¿Cómo lo sabes?

Compruébalo.

Conexiones del capítulo

Copia el organizador en una hoja de papel.

Deja sin copiar algunas palabras.

Cambia tu papel con un compañero.

Escribe las palabras que faltan.

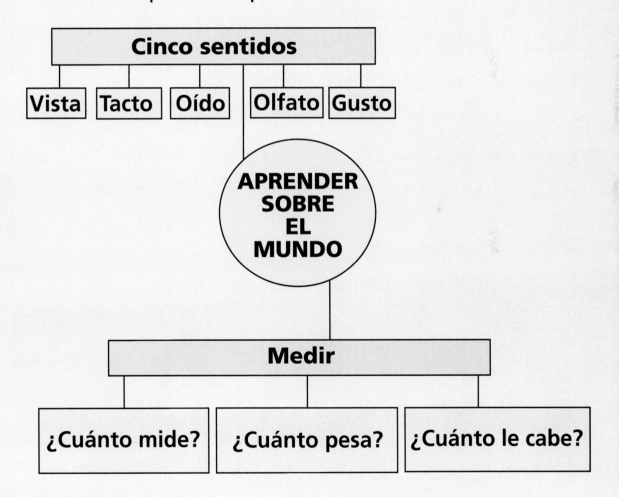

Cinco sentidos

Vista | Tacto | Oído | Olfato | Gusto

APRENDER SOBRE EL MUNDO

Medir

¿Cuánto mide? | ¿Cuánto pesa? | ¿Cuánto le cabe?

Escribir sobre ciencias • Investigar

Describe un cacahuate usando los cinco sentidos.

Palabras en ciencias

Escribe las palabras que faltan.

> longitud   medir   balanza
>
> sentidos   textura   peso

1. Se usa una ____ para pesar.

2. Con uno de los ____ puedes oler.

3. La ____ te dice el largo de las cosas.

4. El ____ te dice cuánto pesan las cosas.

5. ____ es la sensación de una cosa al tocarla.

6. Usa una regla para ____ la longitud de un pez.

Ideas en ciencias

1. ¿Qué aprendes usando los cinco sentidos?

Sesame Place, Langhorne, PA

Sesame Place, Langhorne, PA

2. ¿Cómo puedes saber qué bloque es más largo?

3. ¿Cómo se usa una balanza para pesar?

4. ¿Cómo puedes saber en qué vaso cabe más jugo?

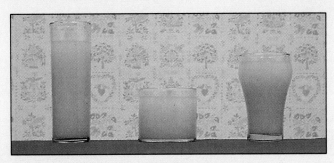

Apliquemos las ideas en ciencias

Descubres huellas en el suelo.

Se te olvidó tu regla.

¿Cómo puedes saber la longitud de las huellas?

Usemos las destrezas en ciencias

Trata de adivinar lo que mide un creyón.

Después mide el largo del creyón.

Capítulo 5

Cómo se mueven las cosas

¿Puede volar el papel?

Puede si lo doblas bien y lo lanzas.

La gente hace aviones de papel.

Hay concursos todos los años.

Algunos aviones de papel vuelan lejos.

Otros vuelan durante mucho tiempo.

Este avión sencillo voló tres segundos.
La forma que tiene lo ayuda a volar.
¿Qué avión te gustaría hacer?

En este capítulo aprenderás cómo
se mueven las cosas, qué las hace
moverse y cómo las usamos.

1. ¿Cómo se mueven las cosas?

Empecemos

Haz que se mueva una silla.

¿Cómo lo hiciste?

Para aprender:

fuerza

Los juguetes no tienen vida.

Sin embargo, muchos se mueven.

Algunos dan vueltas, giran o saltan.

Di cómo se mueven estos juguetes.

138

Al moverse, las cosas cambian de lugar.

El juguete de muelle estaba en lo alto.

Luego bajó un escalón.

¿Cómo cambió de lugar el yoyo?

▲ Niño empujando

Las cosas no se mueven solas.

Hay que jalarlas o empujarlas.

Acercamos las cosas jalándolas.

Alejamos las cosas empujándolas.

A un jalón o a un empujón lo llamamos **fuerza**.

▲ Niños jalando

Una pelota de playa es muy ligera.

La puedes mover con poca fuerza.

Una bola de boliche es pesada.

Necesitas mucha fuerza para moverla.

El camino es liso.

Se necesita poca fuerza para patinar.

El zacate es más duro.

¿Se moverán los patines con poca fuerza?

▲ Patinando en un camino

▲ Patinando en el zacate

Repaso de la lección

1. ¿Cómo sabemos que las cosas se mueven?

2. ¿Qué es fuerza?

¡Piensa! Di cinco formas de moverte.

RAZONEMOS

Destrezas
Di lo que puede pasar

Fíjate en un carrito que baja por una rampa.
Calcula hasta dónde llegará la próxima vez.

Practica

1. Haz rodar un carrito
   de lo alto de una rampa.
   Mira hasta dónde llega.

2. Haz rodar un carrito
   de la mitad de la rampa.
   Mira hasta dónde llega.

3. Supón que haces rodar
   el carrito desde cerca
   de la base de la rampa.
   ¿Hasta dónde llegaría?

Aplica

Piensa en el carrito en
la rampa.
Adivina qué trineo de la
foto llegará más lejos.

¿Cómo caminan las máquinas?

Muchas máquinas se mueven.

Los carros y las bicicletas ruedan.

Algunas máquinas nuevas caminan con patas.

¿Cómo fabrica la gente máquinas que caminan?

La gente estudia cómo se mueven los insectos.

Después construyen máquinas que se mueven igual.

Estas máquinas saltan paredes y trepan colinas.

Algunas máquinas cavan en los ríos.

Hacen los ríos más profundos para los barcos.

Estas máquinas ayudan a mover cosas también.
Hacen más fácil el trabajo.

Pensemos sobre esto

¿Qué trabajo podría hacer en tu
escuela una máquina que camina ?

Usemos lo aprendido

Piensa en un insecto o en otro animal.
¿Con qué partes del cuerpo se mueve?
Dibuja una máquina que funcione como
ese animal.

¿Qué cosas especiales hace la máquina?

2. ¿Qué fuerzas existen?

Empecemos

Deja caer un lápiz.

¿Hacia dónde va?

Para aprender:

gravedad

Esta pelota va cayendo.

Una fuerza la jala hacia la Tierra.

Esta fuerza se llama **gravedad**.

La gravedad atrae todo hacia la Tierra.

Los imanes también tienen fuerza.

Esta fuerza no es como la gravedad.

Los imanes atraen algunas cosas.

No atraen todas las cosas.

Sólo atraen ciertos metales.

¿Qué atraen estos imanes?

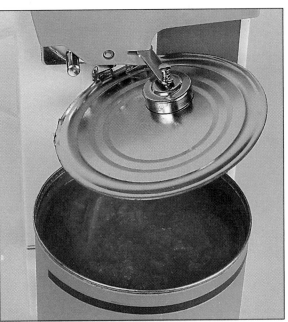

Algunos juguetes tienen imanes.

Los imanes mueven o sostienen cosas.

Busca imanes en estos juguetes.

¿Cómo se usan?

Repaso de la lección

1. ¿Qué es la gravedad?
2. ¿Qué hacen los imanes?

¡Piensa! ¿Cómo usamos los imanes?

Explora

¿Qué puede atraer un imán?

ACTIVIDAD

Necesitas

cosas pequeñas ·

papel cuadriculado ·

creyones ·

imán

Qué hacer

1. Adivina qué cosas puede atraer el imán.
2. Haz una tabla como la que se muestra.
3. Toca las cosas con el imán. ¿Las atrae el imán?
4. Dibuja las cosas en la tabla.

¿Qué descubriste?

1. ¿Adivinaste lo que podía atraer el imán?
2. ¿Qué cosas atrae el imán?

3. ¿Para qué usamos las máquinas?

Empecemos

Nombra algo con ruedas.

¿Para qué sirven las ruedas?

Para aprender:

máquinas   rampa

rueda   palanca

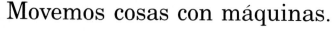

Movemos cosas con máquinas.

Las **máquinas** ayudan en el trabajo.

Pueden empujar o jalar.

También pueden levantar cosas.

Una **rueda** es una máquina.

Las bicicletas tienen ruedas.

¿Qué otras ruedas ves?

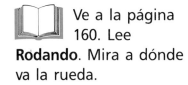
Ve a la página 160. Lee **Rodando**. Mira a dónde va la rueda.

151

Una **rampa** también es una máquina.

Las rampas ayudan a levantar cosas.

¿Para qué usan rampas estas personas?

Una **palanca** es una máquina.

Con las palancas es fácil levantar cosas.

¿Cómo se usan las palancas en estas fotos?

palanca

palanca

Repaso de la lección

1. Nombra tres tipos de máquinas.

2. ¿Para qué usamos las máquinas?

¡Piensa! Busca máquinas simples en tu escuela.

ACTIVIDAD

Exploremos
¿Hacen más fácil el trabajo las rampas?

Necesitan

Organizador(a)   cinta adhesiva · regla metrica
rampa · liga · taza plástica

Qué hacer

Ayudante   **1.** Pega una liga al mango de la taza.

Director(a)   **2.** Con la liga, levanta la taza.

Secretario(a)   **3.** Mide el largo de la liga.

Director(a)   **4.** Jala la taza a lo largo de la rampa.

Secretario(a)   **5.** Mide otra vez la liga.

¿Qué aprendieron?

Todos   **1.** ¿Cuándo era más larga la liga?

Reportero(a)   **2.** ¿Facilita el trabajo una rampa?

154

Conexiones del capítulo

Fíjate en el organizador.

Haz una lista de cosas que se mueven.

Di qué fuerzas las hacen moverse.

CÓMO SE MUEVEN LAS COSAS

Fuerzas

Máquinas

empujar jalar levantar

gravedad imanes

rueda

rampa

palanca

Escribir sobre ciencias • Describir

Dibuja una máquina.

Muéstrala moviendo algo.

Explica qué tipo de fuerza usa.

Palabras en ciencias

A. Escribe la palabra que falta.

fuerza   gravedad   máquinas

1. Usamos ruedas y otras ____ para mover cosas.

2. ____ puede ser un empujón o un jalón.

3. La ____ atrae todo hacia la Tierra.

B. Une cada palabra con su foto.

palanca   rampa   rueda

a

b

c

Ideas en ciencias

1. ¿Cómo sabemos que este juguete se ha movido?

2. ¿Qué pasará cuando el niño
empuje la rueda?

3. ¿Qué cosas mueven la gravedad y los imanes?

4. ¿Cómo usamos las ruedas, las rampas y las palancas?

Apliquemos las ideas en ciencias

Quieres construir una maquina que

se mueva en el agua.

¿A qué animal se parecería?

Usemos las destrezas en ciencias

Empuja un carrito desde lo alto de una rampa baja.

Empújalo ahora desde lo alto de una rampa más alta.

Calcula hasta donde iría desde una rampa

aún más alta.

Carreras

Diseñador(a) de juguetes

A Alton Takeyasu le gustaba la clase de arte en la escuela.

Ahora es **diseñador de juguetes** en Ohio.

«Es divertido hacer juguetes» dice Alton.

Alton saca ideas para los nuevos juguetes de libros.

También saca ideas de películas.

Alton hace modelos de los nuevos juguetes.

Después los niños los prueban.

Conectemos las ideas en ciencias

1. Piensa en un juguete que te gusta.

¿Qué puede hacer Alton para mejorarlo?

Profesiones; Capítulo 5

2. Viste una máquina que caminaba.

¿Cómo se podría cambiar para que tuviera sentidos como las personas?

Capítulo 4; Capítulo 5

3. Quieres pesar un elefante.

¿Qué usarías para subirlo a la báscula?

Capítulo 4; Capítulo 5

Proyecto de la unidad

Haz un juguete que tenga imán.

Traza un laberinto en una caja de zapatos.

Pon el juguete en el laberinto.

Muévelo con otro imán.

¡RODANDO!

Selección de
WHEEL AWAY
(traducción)

Escrito por **Dayle Ann Dodds**

Ilustraciones de **Thacher Hurd**

¡Oh no! ¡Miren cómo va!

¡Oh no! ¡Miren cómo va!

Sigan la rueda rodando cuesta abajo.

Sigan la rueda rodando cuesta arriba.

pa-ra-rán

pa-ra rán

pa-ra-rán-pan-pán

En el lago

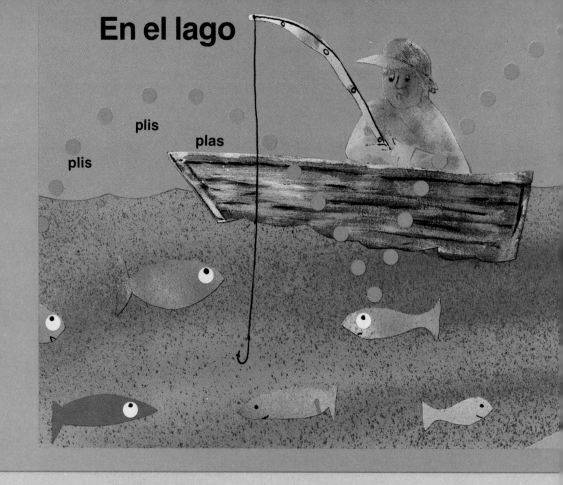

plis

plis

plas

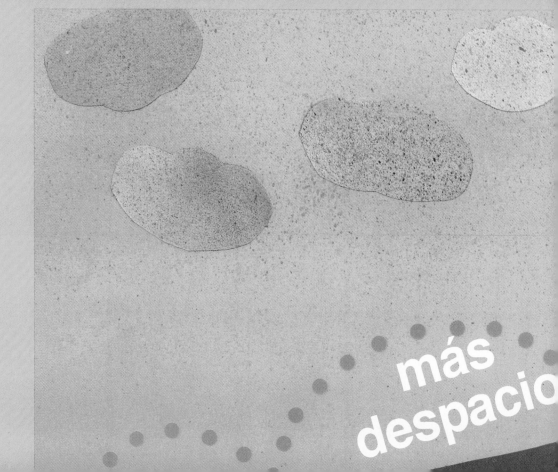

más

despacio

Sobre el pastel

pif

paf

pif

¡Oh no!
¡Miren cómo va!

pa-ra-rán   pa-ra-rán   pa ra rán-pan-pán

más despacio   más despacio   más despacio

¡Oh no!

163

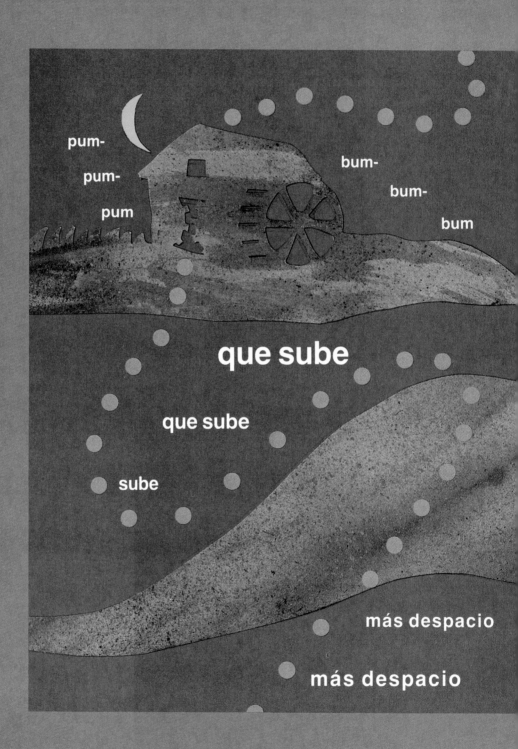

más despacio

llegó.

Reacción del lector

Piensa adonde más podría ir la rueda.

Continuación de la selección

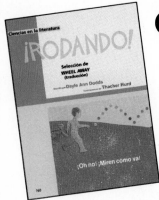

 ## Reacción a la lectura

1. ¿Cuándo va rápido la rueda?
   ¿Cuándo va despacio la rueda?

2. Haz un dibujo del hombre en el bote.
   Escribe lo que diría al ver la rueda.

3. Las bicicletas tienen ruedas.
   Nombra otras cosas con ruedas.

 ## Libros para disfrutar

El niño y el globo por Francisca Altamirano. Las aventuras de un niño y su globo se presentan por medio de ilustraciones en este libro sin palabras.

Del gráfico al lapicero por Alí Mitgutsch. Descripción de cómo se hacen los lápices.

Horizontes en CIENCIAS

Unidad 3

GEOLOGÍA

Capítulo 6   **Observemos el cielo**   p. 168

Capítulo 7   **Observemos la Tierra**   p. 192

Capítulo 8   **Cambios del tiempo**   p. 214

Observemos el cielo

¡Estrellita, estrellita

del azul la más bonita!

Embrujada en tu brillar

¿qué deseo me traerás?

Fíjate en el cielo sobre la montaña.

El cielo está muy oscuro.

¡Las estrellas brillan como diamantes!

Fíjate en el cielo sobre la ciudad.
El cielo no está oscuro allí.
Las luces ocultan las estrellas.

En este capítulo aprenderás sobre
el Sol, la Luna y las estrellas.

1. ¿Cómo cambia el cielo?

Empecemos

Mira un libro de cerca.

Ahora míralo de lejos.

¿Se ve diferente?

El Sol, la Luna y las estrellas son grandísimos.

Desde la Tierra se ven muy pequeños.

Lo que está muy lejos parece pequeño.

¿Qué cosas grandes parecen pequeñas?

El cielo cambia durante el día.

Todas las mañanas, el Sol aparece en el este.

Decimos que es la **salida del sol.**

Durante el día el Sol parece moverse.

Al mediodía el Sol está en el cielo.

Al anochecer el Sol desaparece en el oeste.

Decimos que es la **puesta del sol.**

¿Qué le pasa al cielo después?

▲ El Sol bajo en el cielo   ▲ El Sol alto en el cielo

El Sol alumbra el cielo todos los días.

En el invierno los días son cortos.

Oscurece temprano.

En el verano los días son largos.

¿Cuál de las fotos muestra el verano?

Repaso de la lección

1. ¿Por qué se ve pequeño el Sol?

2. ¿Cómo cambia el cielo durante el día?

3. ¿Cuándo son más largos los días?

¡Piensa! ¿Cómo cambian tus actividades a medida que cambia el cielo?

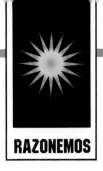

Destrezas

Lee una tabla de datos

Una tabla es una lista de palabras y números.

Una tabla puede ayudarte a aprender algo.

Practica

Mira la tabla.
Te muestra que en
invierno hay 10
horas de luz al día.
¿Cuántas horas de luz
al día hay en verano?

Estación del año	Horas de sol al día
Invierno	10
Primavera	12
Verano	14
Otoño	12

Aplica

¿Qué estaciones del año tienen el mismo
número de horas de luz al día?

173

2. ¿Cómo se ve la Luna?

Empecemos

Mira el cielo de noche.

¿Puedes ver la Luna?

¿Cómo se ve desde la Tierra?

Para aprender:

luna llena

Parece que la Luna cambiara de forma.

A veces parece un círculo.

Otras veces parece parte de un círculo.

A veces no se puede ver.

174

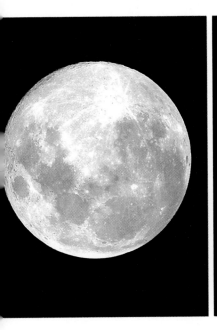  

Busca la Luna que parece un círculo.

Es la **luna llena**.

La Luna llena es la forma más grande de la Luna.

La luna cambia de forma todos los meses.

▲ Luna en el cielo de noche

175

La Luna tiene partes altas y partes bajas.

Desde la Tierra, parecen manchas claras y oscuras.

¿Por qué se ven pequeñas esas manchas?

Repaso de la lección

1. ¿En qué manera parece cambiar la Luna?

2. ¿Qué son las manchas que ves en la Luna?

¡Piensa! ¿En qué se diferencian la Luna y la Tierra?

Exploremos

¿Por qué se ve pequeña la Luna?

Necesitan

Organizador(a) | pelota de playa · regla de un metro

Qué hacer

Ayudante | **1.** Sujeta una pelota.

Director(a) | **2.** Párate a 1 metro. Con la regla cerca de tu cara mide la pelota.

Secretario(a) | **3.** Haz una tabla como ésta.

Distancia desde la pelota	Tamaño de la pelota
1 metro	
2 metros	
3 metros	
4 metros	

Director(a) | **4.** Repite el paso 2 parándote más lejos.

Secretario(a) | **5.** Marca en la tabla cada distancia.

¿Qué aprendieron?

Reportero | **1.** ¿Qué parecía pasarle a la pelota?

Todos | **2.** ¿Por qué se ve pequeña la Luna?

3. ¿Cómo se ven las estrellas?

Empecemos

Piensa cómo es el cielo de noche.
¿Qué se ve?

Para aprender:

estrella

▲ Cielo de noche con la Luna y estrellas

Puedes ver estrellas en el cielo de noche.

Una **estrella** es un cuerpo en el espacio.

Las estrellas, como el Sol, también dan luz.

178

▲ Cielo de noche con la Osa Mayor

Algunas estrellas forman figuras en el cielo.

Una de estas figuras es la Osa Mayor.

¿Qué forma tiene la Osa mayor?

Cada noche las estrellas parecen moverse un poco.

Las figuras son diferentes en cada estación.

El Sol es una estrella.

Hay muchas estrellas más grandes que el Sol.

Esas estrellas están muy lejos.

Por eso parecen más pequeñas que el Sol.

¿Cómo se vería el Sol desde el espacio?

▼ El Sol desde el espacio

▲ El Sol desde la Tierra

Repaso de la lección

1. ¿En qué se parecen las estrellas al Sol?

2. ¿Cómo cambian las figuras de las estrellas?

¡Piensa! ¿Por qué no puedes ver estrellas de día?

Explora

¿Cómo puedes hacer figuras de estrellas?

Necesitas

tubo de cartón · papel de aluminio · liga · lápiz con punta · linterna de mano

Qué hacer

1. Cubre un extremo del tubo con el aluminio.
2. Sujétalo con la liga.
3. Haz agujeros en el aluminio con el lápiz.
4. Con la linterna, alumbra a través del tubo.
5. Mira la figura.

¿Qué aprendiste?

1. ¿En qué se parece tu figura a una de estrellas?
2. Escribe una historia sobre tu figura.

¿Qué sucedió anoche en el cielo?

La gente estudia las estrellas.

La gente no está despierta toda la noche.

Este telescopio trabaja toda la noche.

Trabaja mientras la gente duerme.

No necesita descansar.

Ve cosas que la gente no puede ver.

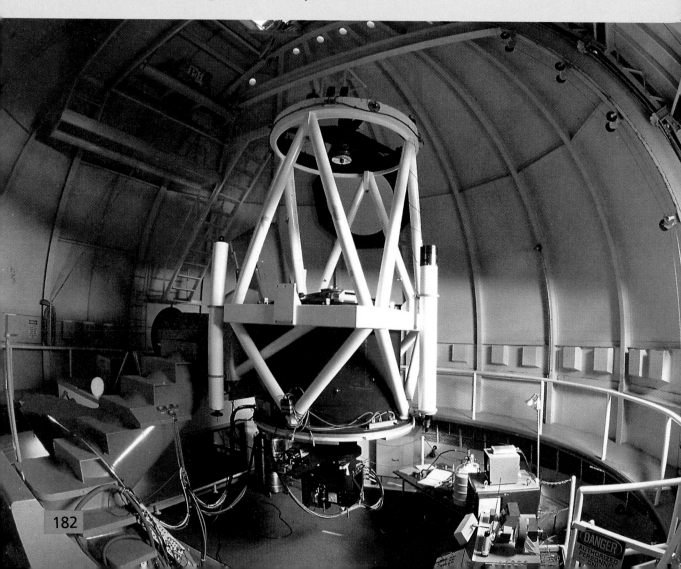

El telescopio tiene ayuda.

Trabaja con una computadora.

Alguien revisa la computadora todos los días.

La computadora da informes de las estrellas.

Pensemos sobre esto

1. ¿Qué pueden hacer los telescopios mejor que la gente?

2. ¿Por qué necesita la gente revisar la computadora todos los días?

Usemos lo aprendido

Piensa en algo que tú haces.

Dibuja una máquina para que te ayude.

Explica cómo funciona.

4. ¿Qué hora es?

Empecemos

¿Está oscuro o hay luz afuera?

¿Qué haces cuando hay luz?

Una parte del día hay luz, y otra no.

La parte donde hay luz, es el **día.**

La parte donde no hay luz, es la **noche.**

◄Niños en la escuela

▼Ciudad durante el día

Hay muchas formas de saber qué hora es.
Por la mañana el Sol está bajo en el cielo.
Al mediodía está muy alto en el cielo.
¿Cómo muestran la hora estas fotos?

◄Familia cenando

▼Ciudad de noche

Las sombras también indican la hora.

Las sombras son largas por la mañana.

Al mediodía son más cortas.

Son largas otra vez al atardecer.

¿Qué foto muestra el mediodía?

Los días duran 24 horas.

Los relojes sirven para saber la hora.

Cuentan las horas y los minutos.

Un minuto es una parte corta del día.

¿Qué puedes hacer en 1 minuto?

Repaso de la lección

1. ¿Cuáles son las dos partes del día?

2. Di dos formas de saber la hora.

¡Piensa! ¿Por qué te es importante la hora?

Resolver problemas
Mi sombra y yo

Las sombras cambian durante el día.
Pueden alargarse o acortarse.
Pueden estar hacia un lado y
después hacia otro.

**¿Cómo cambian las sombras
durante el día?**

Con una tiza traza tu sombra
en la acera.

Piensa en un plan para ver cómo cambia tu sombra.
Después, sigue el plan.

Conexiones del capítulo

Copia sólo la forma del organizador.

Dibuja cosas en vez de escribir palabras.

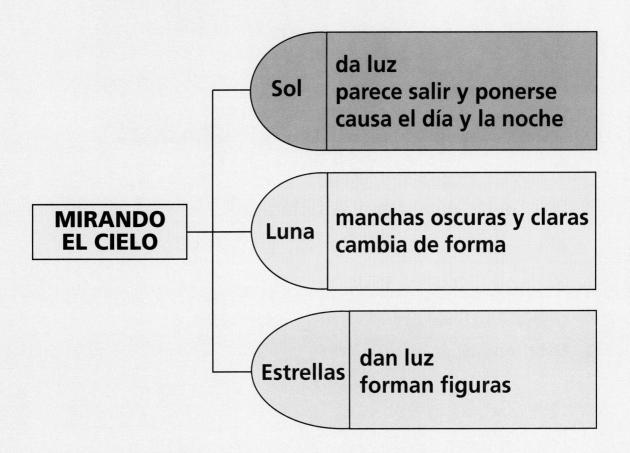

MIRANDO EL CIELO

Sol — da luz / parece salir y ponerse / causa el día y la noche

Luna — manchas oscuras y claras / cambia de forma

Estrellas — dan luz / forman figuras

Escribir sobre ciencias • Investigar

Haz un cuaderno de cinco páginas.

Dibuja el cielo cinco días y cinco noches.

Capítulo 6 Repaso

Palabras en ciencias

A. Une cada palabra con su foto.

luna llena   estrellas

a

b

B. Escribe las palabras que faltan.

día   noche   salida del sol   puesta del sol

1. La _____ es por el este.

2. El Sol alumbra durante el _____.

3. Oscurece después de la _____.

4. La _____ es cuando está oscuro.

Ideas en ciencias

1. ¿Cómo cambia el cielo durante un día?

190

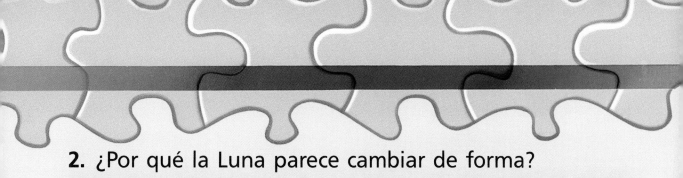

2. ¿Por qué la Luna parece cambiar de forma?

3. ¿Cómo se ven las estrellas desde la Tierra?

4. ¿Cómo puedes saber qué hora es?

Apliquemos las ideas en ciencias

Puedes mirar las estrellas con un telescopio. ¿Qué más puedes mirar?

Usemos las destrezas en ciencias

La tabla muestra el largo de una sombra. ¿Cuándo es más corta?

Hora	Sombra en centímetros
Mañana	40
Mediodía	20
Tarde	40
Anochecer	80

Capítulo 7

Observemos la Tierra

Mira los globos de aire caliente.

Supón que viajaras en uno de ellos.

¿Qué verías?

En algunas partes verías lagos.

En otras podrías ver montañas.

Piensa en el lugar donde vives.

Sabes cómo se ve desde la tierra.

¿Cómo se vería desde un globo?

En este capítulo aprenderás cómo se ve la Tierra desde aquí, desde un avión y desde el espacio.

1. ¿Cómo se ve la Tierra desde el espacio?

Empecemos

Mira un centavo desde lejos.

Ahora míralo de cerca.

¿Se ve diferente?

Para aprender:

La Tierra

La **Tierra** es el lugar donde vivimos.

¿Cómo ves tú la Tierra?

Sabes que estás en la Tierra.

Sin embargo sólo ves una pequeña parte.

No puedes ver la Tierra entera.

▼ Tierra plana

▲ La Tierra desde el espacio

La Tierra se ve diferente desde lejos.

Las naves espaciales se alejan de la Tierra.

Así se puede ver la Tierra desde el espacio.

La foto muestra cómo es la Tierra.

¿Qué forma tiene?

▲ **Parte de la Tierra desde el espacio**

Lee **Quiero ser astronauta**, página 240. Te dice qué hacen los astronautas en el espacio.

Imagínate que estás en una nave espacial.

¿Cómo se vería la Tierra?

La parte de tierra se vería parda y verde.

Los océanos cubrirían casi toda la Tierra.

Habría muchas nubes a su alrededor.

¿Cómo se verían las nubes?

Repaso de la lección ━━━━━

1. ¿Cómo se ve la Tierra desde el espacio?

2. ¿Qué partes verías desde el espacio?

¡Piensa! ¿Qué cosas no se ven desde el espacio?

Explora

¿Qué cubre casi toda la Tierra?

ACTIVIDAD

Necesitas

mapa del mundo • círculos azules y cafés

Qué hacer

1. Mira el mapa.

2. Cubre el agua con círculos azules.

3. Cubre la tierra con círculos cafés.

4. Cuenta los círculos azules.

5. Cuenta los círculos cafés.

¿Qué aprendiste?

1. ¿Qué color usaste más?

2. ¿Qué cubre casi toda la Tierra?

2. ¿Cómo se ve la Tierra desde un avión?

Empecemos

¿Has viajado en avión alguna vez?

¿Qué se veía desde la ventanilla?

Para aprender:

montaña   río

llanura   lago

Los aviones vuelan muy alto sobre la Tierra.

No vuelan tan alto como las naves espaciales.

Esta foto se tomó desde un avión.

¿Qué ves en la foto?

▼ La Tierra desde un avión

198

Tal vez veas tierra desde un avión.

Una **montaña** es tierra alta.

Una **llanura** es tierra plana.

¿Qué foto muestra montañas?

¿Qué foto muestra una llanura?

▲ Montaña

▲ Llanura

◀Lago

▼La Tierra desde un avión

◀Río

Tal vez veas agua desde un avión.

Un **río** es agua que corre por un camino largo.

Corre sobre la superficie de la Tierra.

Un **lago** es una masa de agua rodeada de tierra.

¿Qué foto muestra un río?

¿Qué foto muestra un lago?

Imagínate que tu avión vuela sobre una ciudad.

Podrías ver cosas hechas por la gente.

Podrías ver edificios altos.

Podrías ver carros en las calles.

¿Qué otras cosas podrías ver?

▲ Ciudad desde un avión

Imagínate que tu avión vuela sobre fincas.

Podrías ver plantas creciendo en el campo.

También podrías ver casas y animales.

¿Qué más podrías ver?

▼ Finca

▲ Terreno de cultivo

Repaso de la lección

1. ¿Qué formas de tierra y agua ves desde un avión?

2. ¿Qué cosas hechas por la gente puedes ver?

¡Piensa! ¿Por qué se ven pequeñas las cosas grandes?

RAZONEMOS

Destrezas
Di lo que hiciste y lo que viste

Puedes aprender algo de la tierra en el agua.

Puedes decir lo que hiciste y

lo que viste.

Practica

1. Pon arena, tierra y piedritas

   en un frasco con agua.

   Tapa el frasco y agítalo.

   Pon el frasco en la mesa.

   Observa lo que pasa.

2. Di qué hiciste con el frasco.

   Di qué viste en el frasco.

Aplica

Agita el frasco otra vez.

Vacíalo a través de un colador.

Explica lo que hiciste.

Di qué viste en el colador.

3. ¿Cómo se ve la Tierra desde aquí?

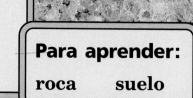

Empecemos

Supón que estás en un parque.
¿Qué verías en el suelo?

Para aprender:

roca   suelo

Tal vez vieras rocas.

Una **roca** es un pedazo duro de la Tierra.

Hay rocas de distintos tamaños, formas y colores.

¿En qué se parecen estas rocas?

¿En qué se diferencian?

Algunas rocas son de un solo color.

Otras son de colores diferentes.

Algunas rocas son lisas.

Otras son ásperas.

Di algo acerca de estas rocas.

▲ Arco de roca

La tierra en que caminas, es el **suelo.**

Al suelo también se le llama tierra.

El suelo está formado de pedacitos de roca.

También tiene pedacitos de plantas muertas.

Además tiene pedacitos de animales muertos. ▼Suelo

También tiene aire y agua.

Hay diferentes tipos de suelo.

Algunos son como polvo.

Otros son como sal.

▲ Suelo arcilloso   ▲ Suelo arenoso

Algunos tienen abundancia de plantas y animales.

Fíjate en estos tipos de suelo.

¿Qué colores ves?

▼ Mantillo

La Tierra tiene mucha agua.

Sabes que hay agua en ríos y lagos.

Este agua es casi siempre agua dulce.

¿Dónde más puedes encontrar agua dulce?

▼ **Estanque**

▼ **Cascada**

También hay agua en los océanos.

El agua de los océanos es salada.

Este lago grande también es de agua salada.

Repaso de la lección

1. ¿En qué se parecen y diferencian las rocas?

2. Di algo sobre dos tipos de suelo.

3. ¿Dónde podemos encontrar agua en la Tierra?

¡Piensa! ¿Qué hace que los suelos sean diferentes?

Resolver problemas
Figuras en la arena

Esta foto muestra figuras en la arena.

Las formó el agua.

¿Cómo formó el agua estas figuras?

Usa un recipiente con arena.

Muestra cómo se formaron las figuras.

CONEXIONES DEL CAPÍTULO

Haz un dibujo de una parte del organizador.

Escribe una oración acerca de tu dibujo.

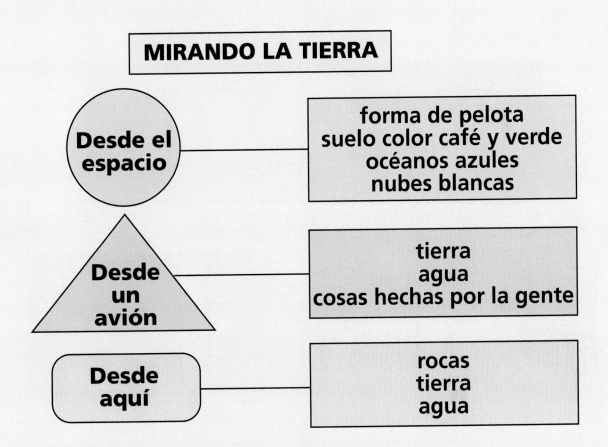

MIRANDO LA TIERRA

Desde el espacio

forma de pelota
suelo color café y verde
océanos azules
nubes blancas

Desde un avión

tierra
agua
cosas hechas por la gente

Desde aquí

rocas
tierra
agua

Escribir sobre ciencias • Clasificar

Haz una lista de cosas que ves al aire libre.

Subraya las que se pueden ver desde un avión.

Haz un circulo a las que verías desde el espacio.

Palabras en ciencias

Une cada palabra con una foto.

lago   llanura   montaña   río

roca   tierra   Tierra

a

b

c

d

e

f

g

Ideas en ciencias

1. ¿Cómo se ve la Tierra desde el espacio?

2. ¿Cómo se ve la Tierra desde un avión?

3. ¿Cómo se ve la Tierra desde aquí?

Apliquemos las ideas en ciencias

¿Qué tipo de suelo es mejor para cultivar plantas?
Explica por qué.

Usemos las destrezas en ciencias

Salpica agua sobre tierra seca.

Ahora echa agua sobre tierra seca.

Di lo que hiciste y lo que viste.

Capítulo 8

Cambios del tiempo

¡Que llueva, que llueva!

Vayamos a la cueva.

¡Está lloviendo adentro!

Están haciendo una película.

¿De dónde cae la lluvia?

Una máquina produce la lluvia.

Después desconectan la máquina.

Entonces la lluvia para.

¿Has querido alguna vez parar la lluvia?

En este capítulo aprenderás sobre los cambios del tiempo.

También aprenderás las estaciones.

1. ¿Cómo cambia el tiempo?

Empecemos

Abre una ventana.

¿Cómo está el aire afuera?

Para aprender:

tiempo

El **tiempo** es cómo está el aire afuera.

El aire siempre está cambiando.

Por eso el tiempo siempre cambia también.

El tiempo puede cambiar de caliente a frío.

Puede cambiar de húmedo a seco.

También cambia de soleado a nublado.

Puede estar calmado o puede hacer viento.

¿Qué cambios de tiempo ves en las fotos?

▲ El Sol calentando la Tierra   ▲ Nubes cubriendo el Sol

¿Por qué cambia el tiempo?

El Sol hace cambiar el tiempo.

La luz del Sol calienta la Tierra.

La Tierra calienta el aire.

¿Por qué es fresco el aire en días nublados?

Repaso de la lección ━━━━━━━━

1. ¿De qué dos maneras cambia el tiempo.

2. ¿Por qué el sol hace cambiar el tiempo?

¡Piensa! ¿Por qué es el aire más frío de noche?

218

Resolver problemas

¡Que llueva! ¡Que llueva!

Los días lluviosos no son todos iguales.

A veces llueve mucho.

A veces llueve poco.

¿Cómo puedes saber cuánta lluvia cae?

Piensa cómo recoger y medir la lluvia.

¿Qué necesitas?

2. ¿Cómo cambian las nubes?

Empecemos

Fíjate en el cielo.

Dibuja lo que ves.

Para aprender:

nubes

▲ Nubes de tormenta

Las **nubes** flotan en el aire.

Las nubes están hechas de gotas de agua.

Muchas gotitas forman gotas grandes.

▲ Tormenta

Las gotas grandes son muy pesadas.

Caen de las nubes porque no pueden flotar.

Caen en forma de lluvia.

En días soleados ves nubes esponjosas.
Cuando llueve o nieva las nubes son grises.
¿Qué tiempo ves en estas fotos?

Repaso de la lección

1. ¿Cómo forman lluvia las nubes?

2. Di algo sobre dos tipos de nubes.

¡Piensa! ¿Para qué sirve saber de las nubes?

Explora

¿Cómo se mueven y cambian las nubes?

ACTIVIDAD

Necesitas

pliego de plástico · cinta adhesiva ·
marcador rojo · marcador azul

Qué hacer

1. Escoge una nube.
2. Pega el plástico en una ventana.
   ¡Ten cuidado! No te apoyes en la ventana.
3. Traza la nube.
4. Espera unos minutos.
5. Traza la nube otra vez. Usa el otro marcador.

¿Qué aprendiste?

1. ¿Se movió la nube?
2. ¿Cambió de forma?

3. ¿Cómo cambia el tiempo durante el año?

Empecemos

Piensa en la primavera.

Dí por qué te gusta.

Para aprender:

estación del año

▲ Bosque en primavera

La primavera es una estación del año.

Una **estación del año** es un tiempo del año.

El año tiene cuatro estaciones.

▼ Cierva y cervato

El tiempo cambia con cada nueva estación.

En primavera comienza a hacer calor.

Las plantas empiezan a crecer.

Muchos animales tienen sus crías.

Di algo sobre estos seres vivientes.[2]

En verano puede hacer mucho calor.

El sol brilla mucho tiempo durante el día.

Muchas plantas florecen.

¿Qué están haciendo estos oseznos?

▼Oseznos negros

En otoño hace fresco.

Muchos animales se van a sitios cálidos.

A los árboles se les caen las hojas.

¿Qué les pasa a estos árboles?

▲ Gansos canadienses

▼ Árboles en otoño

En invierno puede hacer mucho frío.

En algunos lugares cae nieve.

Algunos animales duermen todo el invierno.

¿Cómo es el invierno donde tú vives?

▼ Árboles en invierno

▲ Ardilla de tierra

Repaso de la lección

1. ¿Cómo es el tiempo en cada estación?

2. ¿Cómo cambian los seres con las estaciones?

¡Piensa! ¿Qué cambios haces tú?

Destrezas

Observa cómo cambian las cosas

Las nubes pueden cubrir el Sol.

Luego las nubes se mueven.

Entonces puedes ver el Sol.

El cielo ha cambiado.

Practica

Las fotos muestran el mismo animal en verano y en invierno.

1. Di cómo cambia el conejo.
2. Di cómo han cambiado otras cosas en la segunda foto.

Aplica

Esta planta ha cambiado.

Escribe los cambios que ves.

229

4. ¿Por qué debes saber sobre los cambios del tiempo?

Empecemos

Piensa en el tiempo que hace hoy.

¿Qué puedes hacer al aire libre?

Esta mujer estudia el tiempo.

Para ayudarse, usa una computadora.

Ella informa cómo puede cambiar el tiempo.

¿Por qué quiere saber la gente acerca del tiempo?

Estas personas están en la playa.

Hace sol y calor.

El tiempo puede cambiar.

¿Cómo puede cambiar el tiempo?

A veces el tiempo cambia de repente.
Fíjate en estos cambios.

¿Cómo sabes que va a hacer mal tiempo?

El mal tiempo puede ser peligroso.

Te puedes proteger cuando hace mal tiempo.

Cuando hay tormentas pueden caer rayos.

¿Cómo se protege esta gente de los rayos?

▼ Tronada con rayos

Repaso de la lección

1. ¿Qué planes cambias cuando cambia el tiempo.

2. ¿Cómo te proteges cuando hace mal tiempo?

¡Piensa! Di cómo te sientes según cambia el tiempo.

Exploremos

¿Cómo mostrarías cambios del tiempo?

Necesitas

Organizador(a) cartulina · marcadores · barómetro

Qué hacer

Ayudante **1.** Haz una tabla como la que se muestra.

Líder **2.** Mira afuera.

Haz dibujos del tiempo en la tabla.

Secretario(a) **3.** Escribe palabras sobre el tiempo.

Todos **4.** Repitan los pasos **2-3** durante 1 semana.

	Viento	Soleado/Nublado	Lluvia/Nieve	Temperatura
Lunes		☁	🌧	18
Martes	🌬			
Miércoles				

¿Qué aprendieron?

Todos **1.** ¿Cómo mostraron los cambios del tiempo?

Reportero(a) **2.** Muestra la tabla del tiempo.

Explica cómo cambió el tiempo.

Conexiones del capítulo

Piensa en el organizador.

Escribe un cuento sobre él.

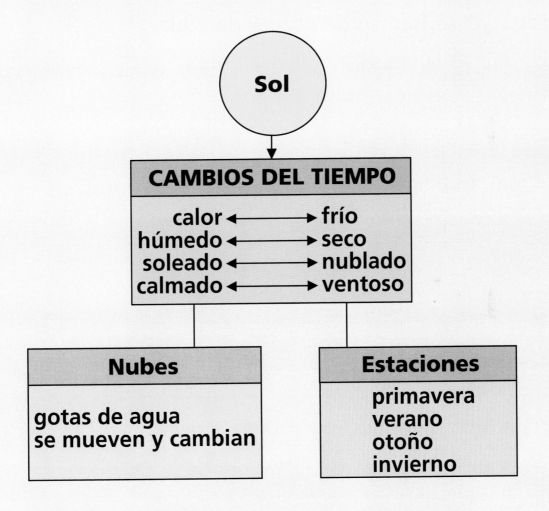

Escribir sobre ciencias • Informar

Escribe el nombre de una estación.

Haz dibujos acerca de esa estación.

Palabras en ciencias

Completa las oraciones con la palabra correcta.

nubes   estación   tiempo

1. Las _____ se forman de gotitas de agua.

2. El _____ es cómo está el aire afuera.

3. Una _____ es una época del año.

Ideas en ciencias

1. ¿Qué cambios de tiempo muestran estas fotos?

a

b

2. ¿Qué tipo de nubes hay cuando llueve?

a

b

236

3. ¿Qué cambios hay en esta estación?

4. ¿Cómo te protegerías de los rayos?

Apliquemos las ideas en ciencias

El cielo se oscurece y oyes truenos.

Estás jugando al aire libre. ¿Qué debes hacer?

Usemos las destrezas en ciencias

Mira estas fotos.

Escribe los cambios que ves.

Carrera

Piloto de helicóptero

Mucha gente pasea por el Gran Cañón.

Sin embargo se ve diferente desde arriba.

Rick Carrick es **piloto de helicóptero.**

Vuela con su helicóptero sobre el cañón.

A Rick siempre le gustaron los aviones.

Aprendió a volar después de la escuela secundaria.

Ahora enseña a otras personas.

«Me gusta volar» dice Rick.

Conectemos las ideas en ciencias

1. Es divertido volar sobre el Gran Cañón.

¿Sobre qué otros lugares te gustaría volar?

Profesiones; Capítulo 7

2. Algunas personas trabajan con
telescopios. ¿Por qué necesitan saber
cómo va a estar el tiempo?

Capítulo 6; Capítulo 8

3. Vuelas en un avión. ¿Qué dirías
del tiempo en la Tierra?

Capítulo 7; Capítulo 8

4. Estás en una nave espacial.
¿Por qué hay sombra en una
parte de la Tierra?

Capítulo 6; Capítulo 7

Proyecto de la unidad

Recorta fotos de la Tierra.

Piensa a qué distancia se sacaron.

Pega las fotos en orden de cerca a lejos.

Quiero ser astronauta

**Selección de
I Want to Be an Astronaut**

**Escrito e ilustrado por Byron Barton
(traducción)**

*¿Te gustaría ser astronauta?
Únete a estos astronautas
que se disponen a viajar al espacio.*

Quiero ser astronauta
miembro de la tripulación,
y volar en la nave
al espacio interestelar.

Quiero estar en el aire
en misión espacial;
dormir en gravedad cero
y comer comida especial.

Quiero ponerme traje espacial
y caminar en el espacio;
reparar un satélite y una
fábrica en órbita montar.

Quiero quedarme allá un rato
después a la Tierra regresar.

Lo que quiero ser es astronauta
y visitar el espacio interestelar.

Reacción del lector

¿Quieres ser astronauta cuando seas mayor?

Di por qué sí o por qué no.

Quiero ser astronauta

Reacción sobre la lectura

1. Haz una nave espacial con cosas de la clase. Di adónde irías en esa nave.

2. Supón que hicieras un viaje espacial. ¿Qué harías primero al regresar a casa? Pregunta a tus amigos qué harían ellos.

3. Imagínate que eres un astronauta y que estás en el espacio. Haz un dibujo de lo que ves. Ponle nombre a tu dibujo.

Libros para disfrutar

El viento por Guillermo Flores. Simples conceptos de fácil lectura acompañados de ilustraciones a todo color.

Nadarín por Leo Lionni. Medios y trucos de camuflaje de los que se vale un pececito para evadirse de sus enemigos.

Horizontes en
CIENCIAS

EL CUERPO HUMANO

Capítulo 9   Creciendo   p. 248

Capítulo 10   El cuidado del cuerpo   p. 270

Capítulo

9

Creciendo

248

¿Qué mano usa la niña para lanzar?
Algunas personas usan la
mano derecha.
Otras usan la mano izquierda.
Todos somos diferentes.
Nadie es igual que tú.

En este capítulo aprenderás que
todas las personas son diferentes.
También aprenderás cómo cambia la
gente a medida que crece.

1. ¿En qué te diferencias de los demás?

Empecemos

Nombra cosas que tengan vida.

Di si son plantas o animales.

Para aprender:

seres humanos

Los árboles y las flores tienen vida.

Los peces y los ratones tienen vida.

Las personas también tienen vida.

A las personas se les llama **seres humanos**.

¿En qué se parecen los seres humanos?

Los seres humanos hacen muchas cosas.

Pueden leer libros.

Pueden dibujar.

Otros seres vivientes no pueden hacer esto.

¿Qué están haciendo estos niños?

Los seres humanos se parecen.

Sin embargo, no hay dos que sean iguales.

Tus huellas digitales muestran quién eres.

Tu fotografía también muestra quién eres.

Nadie en el mundo es igual que tú.

Ve a la página 292.
Lee los poemas sobre otras personas de tu edad.

Repaso de la lección

1. ¿En qué se diferencian las personas de otros seres?

2. ¿En qué te diferencias tú de otros?

¡Piensa! ¿En que te diferencias de tus amigos?

Explora

¿Son iguales todas las huellas digitales?

Susan

Necesitas

almohadilla con tinta · tarjeta · jabón · agua · lupa

Qué hacer

1. Pon un dedo en la almohadilla.
2. Pon ese dedo contra la tarjeta.
3. Lávate las manos.
4. Observa tu huella digital con una lupa.
5. Observa las huellas digitales de otros.

Qué aprendiste

1. ¿En qué se diferencia tu huella de otras?
2. ¿Hay alguna igual a la tuya?

2. ¿Cómo eras cuando eras bebé?

Los bebés crecen dentro de sus madres.

Un bebé crece durante unos nueve meses.

Después nace.

Al nacer, es un **recién nacido**.

Los bebés son muy pequeños.

No tienen dientes y duermen mucho.

Los bebés necesitan muchos cuidados.

No pueden cuidarse solos.

¿Cómo sabes cuando un bebé necesita algo?

Los bebés usan los sentidos para aprender.

Tocan todo lo que alcanzan.

Se meten todo en la boca.

¿Cómo usan los sentidos estos bebés?

Repaso de la lección

1. ¿Cómo son y cómo actúan los bebés?

2. ¿Cómo usan los sentidos para aprender?

¡Piensa! ¿Qué cosas peligrosas hacen los bebés?

RAZONEMOS

Destrezas
Haz preguntas

¿Cómo aprende la gente?

La gente hace preguntas.

Después tratan de hallar respuestas.

Practica

Mira el dibujo.

¿Qué pasa en
este dibujo?

¿Qué te gustaría saber
acerca del bebé?

Haz preguntas.

Aplica

¿Qué quieres saber acerca de los animales?

Haz más preguntas.

3. ¿Cómo eras cuando eras pequeño?

Empecemos

Imagínate que tienes un loro.
¿Cómo le enseñarías a hablar?

Los niños pequeños escuchan los sonidos.

Tratan de repetir los sonidos.

Así es como aprenden a hablar.

¿Qué palabras aprenden primero?

A los niños pequeños les gusta moverse.

Primero gatean.

Después aprenden a caminar y a correr.

También aprenden a usar las manos.

Entonces comienzan a cuidarse solos.

Los niños pequeños crecen de muchas maneras.

Aprenden a hacer cosas nuevas.

¿En qué se diferencian la niña y el bebé?

Repaso de la lección

1. ¿Cómo aprenden a hablar los niños pequeños?

2. ¿Qué otras cosas aprenden a hacer?

¡Piensa! ¿En qué se diferencian unos de otros?

ACTIVIDAD

Exploremos
¿Qué color de ojos ves?

Necesitas

Organizador(a) creyones · tijeras · pegamento

Qué hacer

Todos **1.** Adivinen qué color de ojos es más común.

Secretario(a) **2.** Escribe el color que creas.

Líder **3.** Busca en tu libro y en revistas.

Ayudante **4.** Dibuja dos ojos por cada foto que encuentres. Coloréalos del color que son.

Líder **5.** Recorta los pares de ojos.

Ayudante **6.** Pega los ojos en una tabla.

	color café	azul	negro	verde	gris
3					
2	👁	👁			
1	👁	👁		👁	

¿Qué aprendieron?

Todos **1.** ¿Qué colores de ojos encontraste?

Reportero(a) **2.** ¿Qué color es más común en tu clase?

4. ¿Cómo estás cambiando?

Empecemos

Mira una foto tuya vieja.

Ahora mira otra más reciente.

¿Cómo has cambiado?

Para aprender:

adulto

No puedes ver cómo creces.

Sin embargo cambias todos los días.

La piel, el pelo y las uñas crecen a diario.

A veces se te cae un diente de leche.

Otro diente más grande sale en su lugar.

Piensa en lo pequeño que eras.

Tu ropa y tus zapatos eran pequeños.

Ahora te quedan chicos.

¿Cómo sabes que estás cambiando?

Algún día serás adolescente.

Los adolescentes crecen deprisa.

Un día son más bajos que sus padres.

¡De pronto, son más altos que ellos!

◀Niña pequeña

Adolescente▶

Algún día serás adulto.

Un **adulto** es una persona ya crecida.

Los adultos no crecen más.

Cambian de otras maneras.

¿Cómo van cambiando los adultos?

Adultos

Repaso de la lección

1. ¿Qué les pasa a tus dientes cuando creces?

2. ¿Cómo cambiarás al pasar los años?

¡Piensa! ¿Qué es lo bueno de hacerse mayor?

Resolver problemas
¿Quién soy yo?

Cuando creces, cambias.

Te ves diferente.

Juegas con cosas diferentes.

Te gusta hacer cosas diferentes.

¿Cómo eres ahora?

¿Te acordarás el año próximo?

Busca cosas que muestran cómo eres ahora.

Piensa cómo puedes guardarlas.

Así podrás verlas el año próximo.

Conexiones Del Capítulo

Copia las cuatro figuras en papeles diferentes.

Mézclalas.

Trata de ponerlas de nuevo en orden.

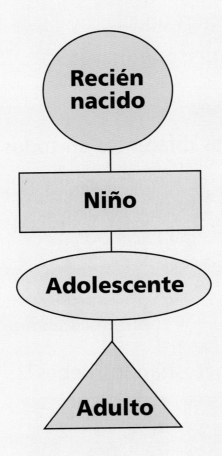

Escribir sobre ciencias · Narrar

Escribe sobre algo que acabas de aprender.

Haz un dibujo sobre lo que escribiste.

Palabras en ciencias

Completa las oraciones con la palabra correcta.

adulto   seres humanos   recién nacido

1. A las personas se les llama _____.

2. Un bebé es también un _____.

3. Un _____ es una persona mayor.

Ideas en ciencias

1. Nombra dos cosas diferentes en todos los humanos.

2. ¿Qué cuidados necesitan los bebés?

3. ¿Qué cosas aprenden a hacer los niños pequeños?

4. ¿Cómo estás cambiando?

Apliquemos las ideas en ciencias

Las personas son diferentes unas de otras.

¿Por qué es bueno tener esas diferencias?

Usemos las destrezas en ciencias

A veces los bebés lloran.

Escribe algo

sobre este bebé.

Capítulo 10

El cuidado del cuerpo

¿Quién se baña con polvo?

¡Los elefantes!

Viven en lugares muy secos.

A veces usan polvo para bañarse.

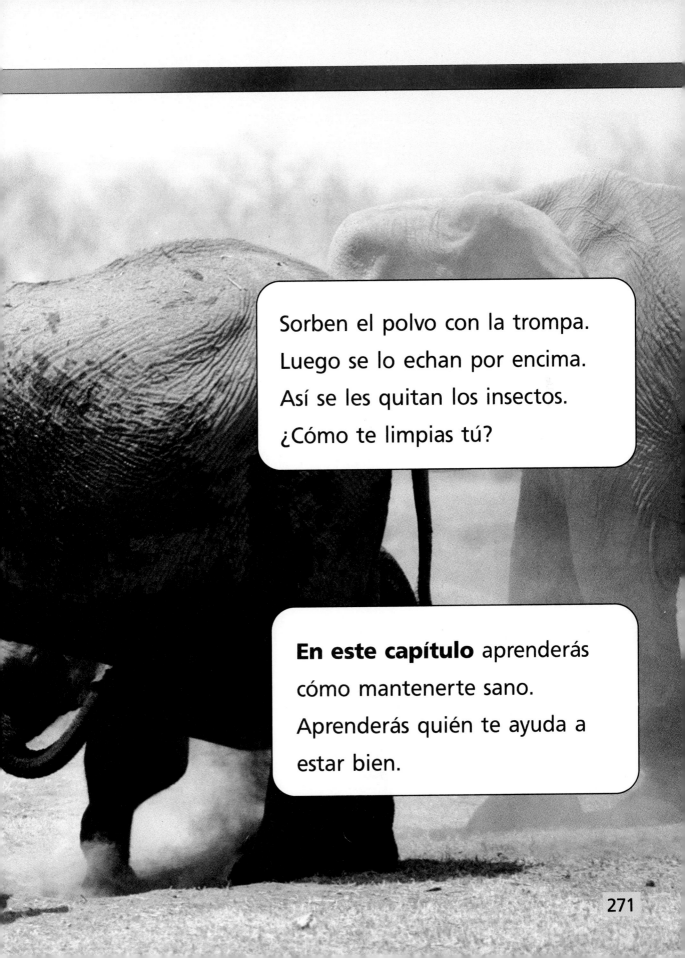

Sorben el polvo con la trompa.
Luego se lo echan por encima.
Así se les quitan los insectos.
¿Cómo te limpias tú?

En este capítulo aprenderás
cómo mantenerte sano.
Aprenderás quién te ayuda a
estar bien.

1. ¿Cómo te mantienes sano?

Empecemos

Nombra alimentos que te gustan.
¿Cuáles son buenos para ti?

Para aprender:

sano

ejercicio

descansar

Estar **sano** quiere decir estar bien.

Algunos alimentos te ayudan a estar sano.

Es sano tomar carne, pescado y leche.

También debes tomar fruta, vegetales y pan.

Los alimentos con mucha grasa no son buenos.

Hacer **ejercicio** es mover los músculos.

El ejercicio te ayuda a mantenerte sano.

Debes hacer ejercicio todos los días.

Estos niños están jugando al aire libre.

Jugar al aire libre es un buen ejercicio.

¿Qué ejercicio haces tú todos los días?

Descansar es dejar de moverse.

Descansas cuando estás sentado o dormido.

El cuerpo necesita descansar todos los días.

El descansar es sano.

¿Cómo te sientes cuando no descansas?

Repaso de la lección

1. Nombra cuatro alimentos buenos para ti.

2. ¿Qué otras cosas te mantienen sano?

¡Piensa! ¿De qué formas descansas?

274

Exploremos
¿Qué bocados tienen mucha grasa?

Necesitan

Organizador(a) bolsa de papel en cuadros • gotero bocados • aceite

Qué hacer

Secretario(a) **1.** Pon un nombre de bocado en cada cuadro.

2. Pon una gota de aceite en otro cuadro. El aceite es un tipo de grasa.

3. Frota cada bocado contra el papel. **¡Ten cuidado!** No comas estos bocados.

Todos **4.** Pongan los cuadros contra la luz.

Qué aprendieron

Todos **1.** ¿Qué le hizo el aceite al papel?

Todos **2.** ¿Qué le hizo cada bocado al papel?

Reportero(a) **3.** ¿Qué bocados tienen mucha grasa?

2. ¿Por qué debes estar limpio?

Empecemos

¿Has estado enfermo alguna vez?

¿Cómo te sentiste?

Estar **enfermo** es no estar sano.

A veces los gérmenes te ponen enfermo.

Los **gérmenes** son pequeños seres vivientes.

Son tan pequeños que no se pueden ver.

Si te mantenienes limpio evitarás gérmenes.

¿Cómo se mantienen limpias estas personas?

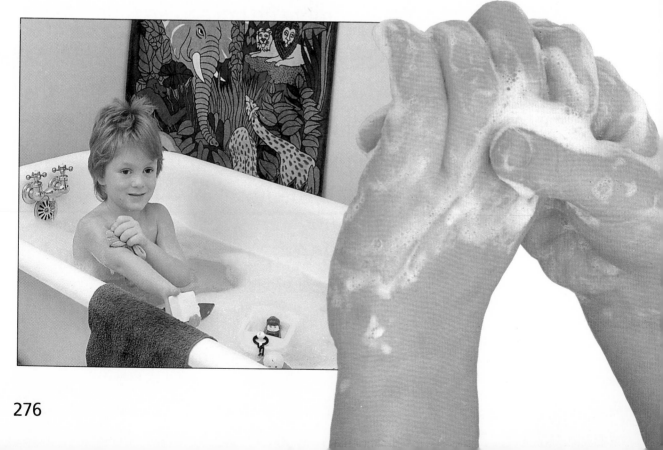

Esta niña tiene un resfriado.

Cuando estornuda, esparce muchos gérmenes.

Los gérmenes llegan a otras personas.

Esas personas pueden enfermarse.

¿Cómo evita la niña esparcir gérmenes?

¿Te has cortado alguna vez?

Las heridas no duran mucho.

El cuerpo ayuda a curarlas.

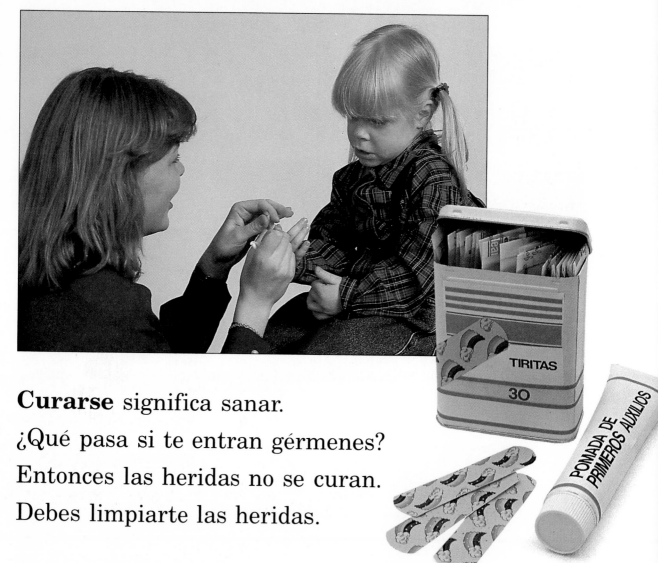

Curarse significa sanar.

¿Qué pasa si te entran gérmenes?

Entonces las heridas no se curan.

Debes limpiarte las heridas.

Repaso de la lección

1. ¿De qué manera te hacen daño los gérmenes?

2. ¿Cómo es que el estar limpio te mantiene sano?

¡Piensa! ¿Qué haces si alguien esparce gérmenes?

RAZONEMOS

Destrezas
Di lo que pasa después

Cuando brincas, subes.

Después bajas.

Haces una cosa.

Después sucede otra.

Practica

1. Supón que te cortas en la rodilla.

   Di qué puede pasar después.

2. Supón que te regalan un animalito.

   Di que puede pasar después.

Aplica

Supón que un día no te pones impermeable.

Después empieza a llover.

Di qué puede pasar entonces.

¿Por qué pone ropa a prueba este robot?

Este robot usa una ropa especial.

Usa ropa para lugares muy fríos.

Usa otra para lugares calientes.

¡Hasta camina en el fuego!

Adivina por qué.

y sociedad

CTS

El robot pone ropa a prueba.

Pone a prueba uniformes de bomberos.

Pone a prueba ropa para otros trabajos.

Así se sabe qué ropa no es peligrosa.

Pensemos sobre esto

1. ¿Por qué hace pruebas el robot?

2. ¿De qué otra manera puede ayudar?

Usemos lo aprendido

Algunos trabajos son peligrosos.

Habla con alguien que tenga un trabajo así.

¿Qué usa esa persona para protegerse?

Cuenta a la clase lo que aprendiste.

3. ¿Quién te ayuda a estar sano?

Para aprender:

doctores

examen

dentistas

A veces tienes que ir al doctor.

Los **doctores** ayudan a la gente enferma.

Los doctores pueden darte una inyección.

Las inyecciones te pueden curar.

Los doctores ayudan cuando nos lastimamos.

¿Cómo te ha ayudado algún doctor?

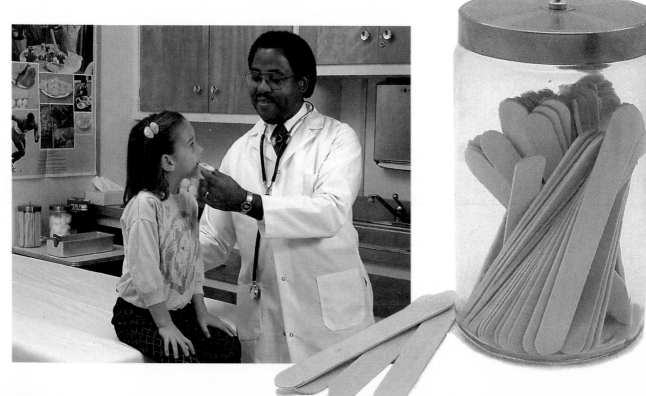

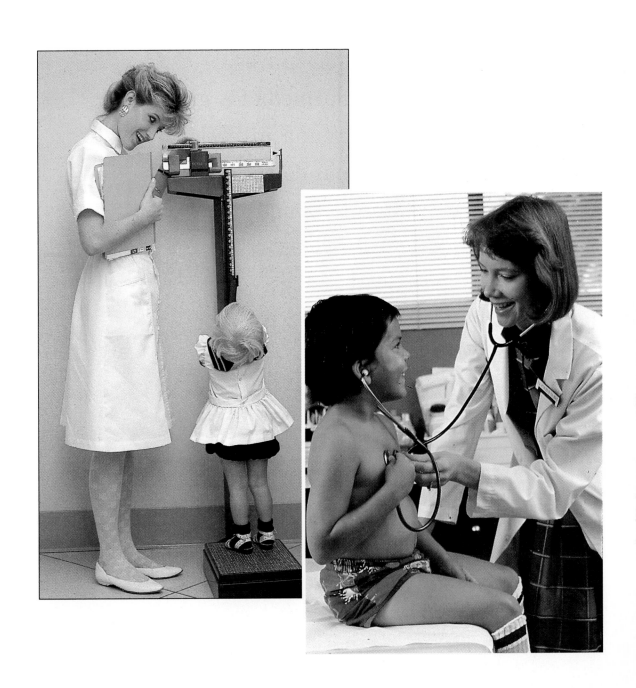

Los doctores nos ayudan a mantenernos sanos.

Este niño no está enfermo.

La doctora lo está examinando.

La doctora le hace un **examen.**

¿Qué busca esta doctora?

Algunas enfermedades son graves.

¿Cómo puedes evitar enfermedades graves?

Un doctor puede ponerte una inyección.

Te ponen la inyección cuando estás sano.

La inyección evita que te pongas enfermo.

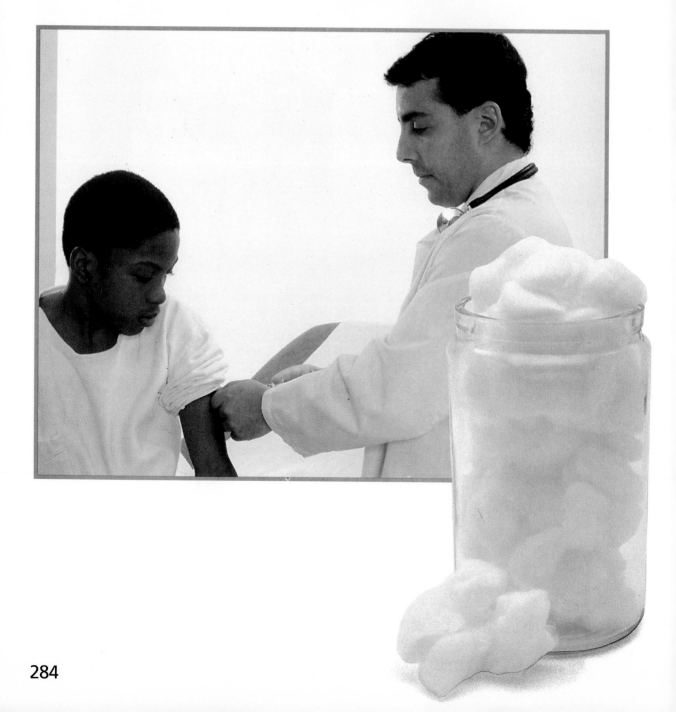

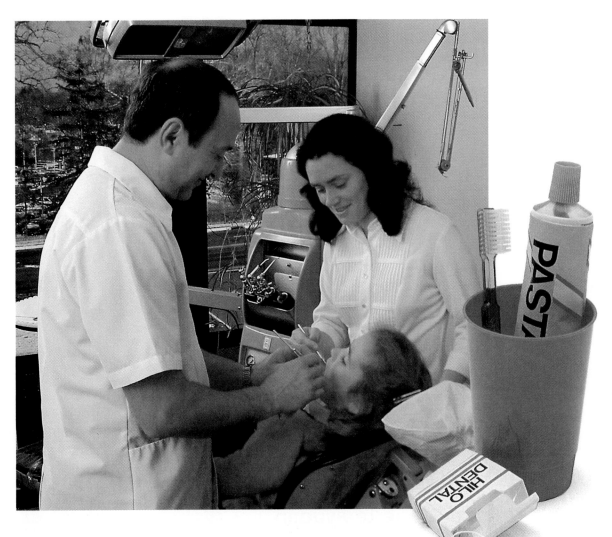

Los **dentistas** cuidan de tus dientes.

A esta niña le hacen un examen dental.

El dentista le examina los dientes y las encías.

¿Cómo debes cuidar de tus dientes en casa?

Repaso de la lección

1. ¿Quién te ayuda a mantenerte sano?

2. Nombra dos cosas que te mentienen sano.

¡Piensa! ¿Te gustaría ser doctor? ¿Por qué?

Explora

¿Cómo te ayudan en la escuela a mantenerte sano?

Necesitas

lápiz · papel

Qué hacer

1. Mucha gente trabaja en tu escuela.

   Te ayudan a mantenerte sano.

   Haz una lista de estas personas.

2. Escoge dos que te ayudan

   a estar sano.

3. Pregúntales qué hacen en su trabajo.

   Escribe lo que te dicen.

¿Qué aprendiste?

1. ¿Cómo te ayudan esas personas a estar sano?

2. ¿Qué pasaría si esas personas no hicieran

   su trabajo?

Conexiones del capítulo

Cubre una parte del organizador.

Pídele a un compañero que adivine lo que falta.

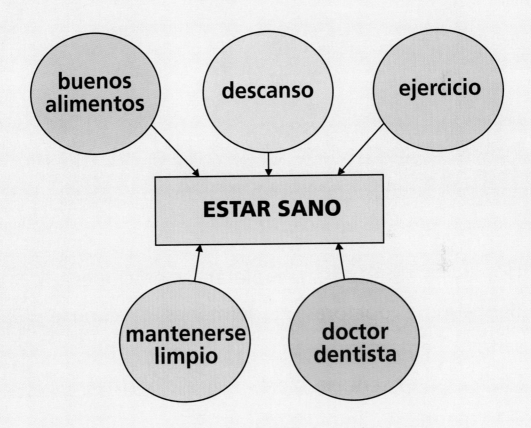

Escribir sobre ciencias • Describir

Haz un organizador con <u>Estar</u> <u>sano</u> en el centro.

Dibuja cosas que haces para estar sano.

Palabras en ciencias

A. Une cada palabra con su foto.

examen   ejercicio   descansar

a

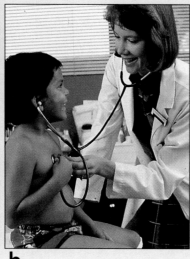
b

c

B. Usa las palabras para completar las oraciones.

dentistas   doctores   gérmenes   curarse

sano   enfermo

1. Estar _____ es sentirse bien.

2. Si te mantienes limpio evitarás _____.

3. Los _____ ayudan a la gente enferma.

4. Estar _____ es no estar sano.

5. El cuerpo puede _____ a sí mismo.

6. Los _____ examinan los dientes.

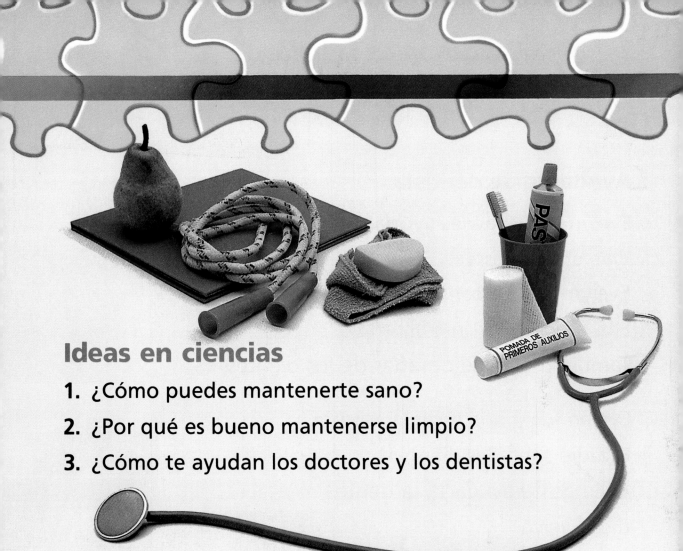

Ideas en ciencias

1. ¿Cómo puedes mantenerte sano?

2. ¿Por qué es bueno mantenerse limpio?

3. ¿Cómo te ayudan los doctores y los dentistas?

Apliquemos las ideas en ciencias

Los robots ponen a prueba ropa para la gente.

¿De qué otra forma podemos usar los robots?

Usemos las destrezas en ciencias

Supón que echas una siesta.

Di cómo te sentirías después.

¿Por qué dices eso?

4 Concluyamos la unidad

Carreras

Ayudante de dentista

Evelyn Bradshaw es **ayudante de dentista.**

Vive en Tennessee.

Evelyn trabaja con un **dentista.**

Ella prepara los instrumentos.

También saca radiografías de los dientes.

Evelyn fue a una escuela especial.

Estudió sobre los dientes.

« Me gusta ayudar a la gente »

dice Evelyn.

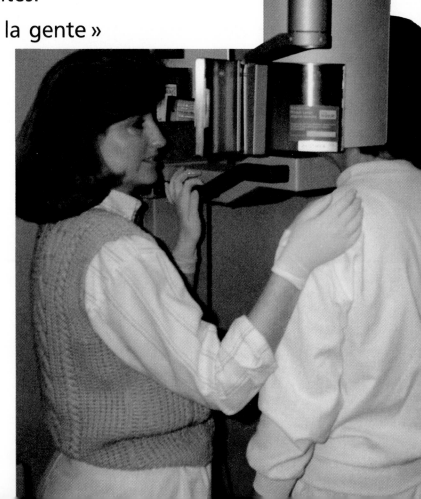

Conectemos las ideas en ciencias

1. Leíste acerca de una ayudante de dentista.

   ¿Qué trabajo puede hacer un ayudante de médico?

   Profesiones; Capítulo 10

2. ¿Cómo hacen ejercicio los recién nacidos? ¿Cómo hacen ejercicio los adultos?

   Capítulo 9; Capítulo 10

3. ¿Qué puede hacer un niño para estar sano?

   Capítulo 9; Capítulo 10

4. Leíste sobre un robot que pone ropa a prueba.

   ¿Por qué se debe probar la ropa de los bebés?

   Capítulo 9; Capítulo 10

Conexión con la calculadora

Adivina las veces que pueden saltar tus compañeros. Tu maestra(o) puede decir cuándo pasa un minuto.

Usa una calculadora para saber el total.

Todos los días creces y cambias.

Lee estos poemas de niños creciendo.

Todos mis sombreros

Todos mis sombreros
los usó él también.
¡No está bien!

Todos mis pantalones
los rompió él primero.
¡No lo creo!

Todos mis libros
ya los leyó.
¡Qué dolor!

Todas mis peleas
él solucionó.
¡Qué humillación!

Todos mis pasos
los ha dado en su vida.
¡Qué guía!

Todos mis maestros
el nombre de mi hermano
me dan.
¿Cuándo va esto a parar?

Richard J. Margolis

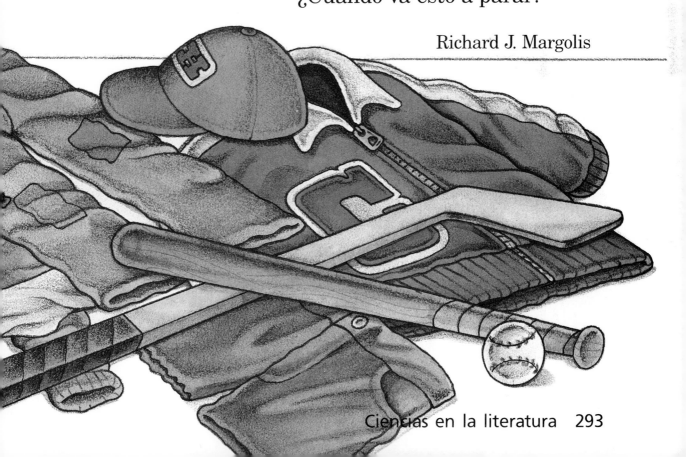

DOS RUEDAS

Te digo que no quiero. ¡Qué difícil es!
Te digo que no puedo. ¡Qué difícil es!
¿No te lo dije?

No alcanzo con los pies.
No sé maniobrar.
¡Qué difícil es!

¡Cuidado, pierdo el equilibrio!
¡No me sueltes, me voy a caer!
Me doy por vencido.

¡No corras tanto! ¡No corras más!
Esto no me gusta.
¡Para, para, para!

Oye, no me paro.
Oye, sé montar, sé montar.
¡Oye, oye, oye!

¿Viste?
¿No te dije?
¡Qué refácil es!

Richard J. Margolis

Lo que vamos a ser

Todos me preguntan
qué vamos a ser.

¿Capitán de un barco,
médica, escultora,
dentista, arquitecto,
escritor, pintora?

Todos los oficios
tienen sus encantos.
Elegir no es fácil
¡son tantos y tantos!

¿Volar al espacio,
curar animales,
cultivar el campo
o pintar murales?

Hay una promesa
en cada futuro.
Si se hace con gusto
no hay trabajo duro.

Lo más importante
es que lo sepamos.
¡Nada nos impide
ser lo que queramos!

Alma Flor

Reacción del lector

Aprender cosas nuevas es divertido.
¿Qué has aprendido este año?

Continuación de la selección

#

Reacción a la lectura

1. Lee otra vez « Todos mis sombreros ». Haz un dibujo de lo que más te gustó. Escribe una oración sobre tu dibujo.

2. ¿Has dicho alguna vez, « ¡Es muy difícil, me doy por vencido! »?

3. ¿Qué quieres ser cuando seas mayor? Pregunta a tus amigos qué quieren ser.

Libros para disfrutar

El cuerpo humano.*

Introducción a la anatomía. Las numerosas ilustraciones ayudan al lector a comprender las funciones del cuerpo humano.

El libro de la alimentación por Angel Sabugo Pintor. Información fundamental sobre nutrición.

*Autor no identificado.

Glosario

A

adulto   Un adulto es una persona mayor. Los adultos no crecen más. página 265

B

balanza   Las balanzas miden el peso de las cosas. La balanza indica cuánto pesa el gato. página 125

bosque   Es un lugar húmedo y con poca luz donde los árboles crecen. También crecen helechos y musgos. página 90

C

cono   Un cono es una parte de algunas plantas. En los conos se forman semillas. página 86

curar   Arreglar o componer. El cuerpo cura las heridas. página 278

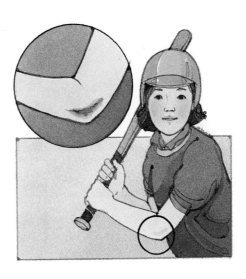

D

dentista　El dentista cuida los dientes y las encías. página 285

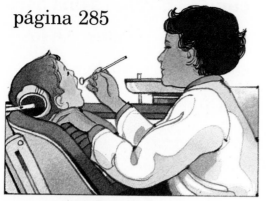

descansar　Descansar es dejar de moverse. Descansas cuando estás quieto o durmiendo. página 274

desierto　Es una tierra seca. Allí hay cactos. página 92

día　Cuando hay luz en el cielo. Vas a la escuela durante el día. También juegas durante el día. página 184

doctor　Un doctor ayuda a las personas que están enfermas. También las ayuda a mantenerse sanas. página 282

E

ejercicio　Hacer ejercicio es mover los músculos. Jugar afuera y hacer deportes son buenos ejercicios. página 273

enfermo　Estar enfermo es no estar sano. Cuando estás resfriado o tienes fiebre, estás enfermo. página 276

estación Las estaciones son tiempos del año. La primavera, el verano, el otoño y el invierno son las estaciones del año. página 224

estanque Es una masa de agua sin movimiento. Cerca de los estanques crecen espadañas. página 94

estrella Una estrella es un cuerpo en el espacio. Dan luz igual que el Sol. página 178

examen Un examen completo que te hace un doctor. página 185

F

flor Las flores son partes de algunas plantas. En las flores se forman semillas. página 84

fuerza Una fuerza es un jalón o un empujón. Se necesita mucha fuerza para mover una roca grande. página 140

G

gérmenes Son pequeños seres vivientes. Te pueden enfermar. Son demasiado pequeños para poder verlos. página 276

gravedad   Es una fuerza. Jala las cosas hacia la Tierra. La gravedad hace que una pelota caiga. página 146

H

hojas   Son partes de las plantas. Las hojas producen alimento. Algunas plantas tienen hojas planas. página 82

L

lago   Es una masa de agua rodeada de tierra. La gente nada en los lagos. página 200

longitud   Es lo que mide de largo una cosa. Puedes medir la longitud de un pez. página 121

luna llena   La luna llena parece un círculo. En algunas noches hay luna llena. página 175

M

máquina   Las máquinas hacen más fácil el trabajo. Las máquinas ayudan a la gente a empujar, a jalar y a levantar. página 150

medir   Medir es saber el largo de una cosa, cuánto pesa una cosa o cuánto le cabe a una cosa. página 121

montaña   Una montaña es un terreno alto. Algunas personas escalan montañas. página 199

moverse   Moverse es cambiar de lugar. Los animales se mueven de un lugar a otro. página 36

N

noche   La noche es la parte oscura del día. Duermes de noche. página 184

nubes   Las nubes son gotitas de agua y de hielo. Las nubes flotan en el aire. De algunas nubes cae lluvia. página 220

P

palanca   Es una máquina simple. Ayuda a levantar cosas. La palanca funciona como un sube y baja. página 153

partes del cuerpo   Las partes del cuerpo ayudan a los animales a vivir. El pico es una parte del cuerpo de un ave. página 56

peso   Es lo pesado que es una cosa. El médico necesita saber tu peso. página 125

planicie   Las planicies son tierras planas. Puedes ver muy lejos en una planicie. página 199

puesta del Sol   Es cuando el Sol desaparece por el oeste. El cielo se oscurece. página 171

R

raíz   La raíz es una parte de la planta. Las raíces absorben agua. página 88

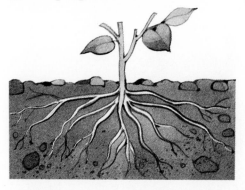

rampa   Una rampa es una máquina. Con las rampas es más fácil levantar cosas. Un trabajador usa una rampa para subir cosas a un camión. página 152

recién nacido Un recién nacido es un bebé. Los recién nacidos necesitan muchos cuidados. página 254

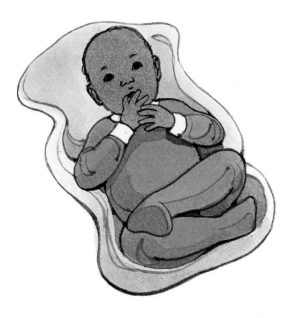

río Un río es una masa de agua. Corre por un camino angosto y largo. Los ríos corren por toda la Tierra. página 200

roca Las rocas son partes duras de la Tierra. Hay rocas de diferentes tamaños, formas y colores. página 204

rueda Una rueda es un tipo de máquina. Las bicicletas tienen ruedas. página 151

S

Salida del Sol Es la hora cuando el Sol aparece por el este. El cielo se aclara al amanecer. página 171

Sano   Estar sano es estar bien de salud. Algunos alimentos te mantienen sano. página 272

semilla   La semilla es una parte de la planta. De las semillas nacen plantas nuevas. Los girasoles tienen semillas en el centro de las flores. página 85

sentidos   Usamos los sentidos para aprender cosas nuevas. Los sentidos son la vista, el oído, el olfato, el gusto y el tacto. página 116

seres humanos   Son las personas. Tú eres un ser humano. página 250

seres vivientes   Los seres vivientes tienen vida. Los seres vivientes se mueven, necesitan comida y crecen. página 32

suelo   El suelo es la parte superior de la Tierra. Otra palabra para suelo es tierra. página 206

T

tallo   Un tallo es una parte de la planta. El agua y los alimentos pasan por los tallos. Algunos tallos son duros. página 87

textura   Textura es cómo se siente una cosa al tocarla. Suave y áspero son texturas. página 118

tiempo   El tiempo es cómo está el aire que nos rodea. El tiempo puede cambiar de caluroso a frío. página 216

Tierra   Vivimos en la Tierra. La Tierra es redonda como una pelota. página 194

V

Vivienda   Es un lugar seguro para vivir. Un hoyo en la tierra es la vivienda de este tejón. página 42

Índice

Adolescentes, 264

Adultos, 265

Agua, 200, 208–209
  dulce, 208
  salada, 209
  salmón y el, 44–45

Aire, necesidad de,
    40–41
  cambios en, 216

Alas, 62

Alimentación y salud,
    272

Alimentos, 72
  de plantas, 96
  saludables, 272

Animales
  y su comida, 66–68
  y sus crías, 33

domésticos, 74

movimiento de, 36–37,
    62–65

y necesidad de
    alimentos, 38

necesidades de, 40–42,
    46–47

para alimento, 72

para ropa, 73

partes del cuerpo,
    56–60, 62, 67

rastreo, 70–71

usos de, 72–75

Araña, 67

Árboles,
  madera de, 98
  usos de, 97

Aves, 56

Balanzas, 125–126
Bebés, 254–256
Bosques, 56–57, 90–91
Burbujas, 114–115

Cactos, 92
Caracol, 63, 65
Casas,
   de plantas, 98
Castor, 46–47
Cielo, 168–187
   cambios en, 170–172
   estrellas en, 178–180
   Luna en el, 174–176
   de noche, 168–169,
     174–176, 178–180,
     182–183

Ciencia,
   tecnología y sociedad,
     44–45, 70–71,
     144–145, 182–183,
     280–281
Computadora, 183
Conos, 86
Crecimiento, 33
   de las plantas, 49
   de los bebés, 254
   de los niños, 260,
     262–265
Curar, 278

Dentistas, 285
Descanso y salud, 274
Desiertos, 60, 92–93

Día(s)
  duración de los, 172, 187
  hora del, 185–187
  luz y oscuridad, 184–185
Dientes
  de las ardillas, 57
  de los niños, 262
Doctores, 282–284

Elefantes, 66, 270–271
Enfermedad, 276–277, 282–284
Espacio
  cantidad dentro, 128–131
Estaciones, 224–228
  y las estrellas, 179
  y la luz del día, 172
Estambre, 73

Estanque, 94
Estrellas
  y las estaciones, 179
  desde la Tierra, 178–180
  patrones de las, 179

Flores,
  hacer un diseño con, 80–81
  semillas en, 85
  tipos de, 84
Formas, 128–131
Frailecillo, 67
Fuerza, 140–142
  tipos de, 146–148

Gansos, 54–55
Gente, 249, 252
  y el tiempo, 230–233

Gérmenes, 276–278
Girasol, 85
Globos de aire caliente,
    192–103
Gravedad, 146
Gusanos, 48
Gusto, 133

Helechos, 91
Hojas, 82–83, 227
Horas, 184, 187
Huellas digitales,
    253

Imanes, 147–148
Invierno, 228

Koala, 63

Lagarto, 67
Lagos, 200, 208, 209
Lana, 73
Langosta, 59
Largo, 121
Longitud, 121–122
Lengua, 67
Lluvia, 214–215
    de las nubes, 221
Lobo marino, 64
Luna,
    desde la Tierra,
        174–176
    formas de la, 174–175
Luna llena, 175

Máquinas
    movimiento de,
        144–145
    tipos de, 150–153
    uso de las, 150–153

Mares, 196, 209

Médicos, 282–284

Medir, 120–123, 124–126
   espacio, 128–131

Minutos, 187

Montañas, 199

Movimiento, 36–38,
   136–153
   del avión, 136–137
   de las cosas, 138–142
   de las máquinas,
    144–145
   de los animales, 36,
    62–63
   y fuerza, 140–142
   y los seres vivientes,
    32, 37, 65

Musgos, 91

Noche, 184–185

Nubes
   cómo se forman,
    220–221
   tipos de, 222

Océanos, 196, 209

Oído, 133

Oir, 116

Oler, 116

Olfato, 133

Osa Mayor, 179

Oso, 68

Otoño, 227

Palanca, 153

Patas, 63
   palmeadas, 55

Peso, 124–126
Perros, 75
Planicies, 199
Plantas, 38, 40
    agrupar, 82–88
    como alimento, 47, 96
    de estanques, 94
    del bosque, 90–91
    del desierto, 92–93
    disfrutar de, 99
    y fabricación de
        alimento, 82
    movimiento de las,
        36–37
    necesidad de animales
        y, 48–49
    usos de las, 46, 96–99
Plumas, 55,73
Primavera, 224–225

Puesta del Sol, 171
Pulpo, 58

Queso, 72

Raíces, 88
Rampa, 152
Rana arbórea, 63
Recién nacidos, 254–256
Regla, 122
Relámpagos, 233
Relojes, 187
Revisar, 283
Ríos, 200, 208
Robots, 280–281
Rocas, 204–205

Ropa
   de animales, 73
   de plantas, 97
   probada por robots,
      280–281
Rueda, 151

Saborear, 116
Salida del Sol, 171
Salud
   y alimentación, 272
   y cura, 278
   y descanso, 274
   y ejercicio, 273,
      282–285
   y limpieza, 276–277
Seguir animales, 70–71

Semillas, 49, 85–86
Sentidos, 116–118, 133
Seres humanos, 250–252
   bebés, 254–256
   niños, 258–260
   huellas digitales de los,
      253
Seres vivientes, 32–34
   apariencia de los, 34
   y el crecimiento, 32–33
   movimiento de los,
      36–38
Serpiente, 60
Sol
   y cambios en el tiempo,
      218
   como estrella, 180
   y la Tierra, 220
Sombras, 186–187

Suelo, 206–207
   y los gusanos, 48

Tacto, 133
Tallos, 87
Tamaño, 128–131
Tecolote, 36
Telescopio, 182–183
Textura, 118
Tiburones, 58
Tiempo, 184–188
Tiempo
   cambios en el,
      216–218
   durante el año,
      224–228
   estudio del, 231
   y la gente, 230–233
   malo, 232–233
   tipos de, 217

Tierra
   desde un avión,
      198–202
   desde el espacio,
      194–196
   desde el suelo, 204–209
   forma de la, 195
Tierras de cultivo, 202
Tacto, 133
Tocar, 116
Tormentas, 220–221
Tortuga, 60

Vaca, 72
Vacunas, 284
Ver, 116
Verano, 226
Vista, 133
Vivienda, 42
   del castor, 46
   y plantas, 98

Créditos

103: *t.m.* D. Muench/H. Armstrong Roberts; *t.r.* E.R. Degginger/Color-Pic, Inc. 104: Courtesy of Michigan State University. 105: IMAGERY.

Unit 2 opener 113: T.J. Florian/Rainbow.

Chapter 4 114–115: Richard Faverty/Beckett Studios. 116: Stuart M. Williams/M.L. Dembinsky. 117: *t.r.* E.R. Degginger/Color-Pic, Inc.; *m.m.* Joe S. Sroka/M.L. Dembinsky. 118: *t.l.* Stuart M. Williams/M.L. Dembinsky. 119: Dan DeWilde for SB&G. 120–121: Courtesy of Lego Systems, Inc. 123: *t.* Light Mechanics for SB&G; *b.* Ken O'Donoghue for SB&G. 124–125: Courtesy of Animal Hospital, Clinton-Perryville, by SB&G. 126: *t.l.* Courtesy of U.S. Postal Service; *t.r.* Courtesy of Superfoodtown, Cedar Knolls, NJ. 134: *m.* E.R. Degginger/Color-Pic, Inc.; *b.* Courtesy of Lego Systems, Inc.

Chapter 5: 136–137: Mathew Smith. 136: *b.l.* Bill Kontzias. 137: *m.m.* Bill Ballenberg/*Life Magazine* © Time, Inc. 140: Len Berger/Berg & Associates. 143: Light Mechanics for SB&G. 144: Adaptive Machine Technologies, Inc. 145: Runk/Schoenberger/Grant Heilman Photography. 150: *t.* Jackie Foryst/Bruce Coleman. 150: *b.l.* Kirk Schlea/Berg & Associates. 150: *b.r.* Sandy Roessler/The Stock Market. 151: David Stone/Berg & Associates. 152: *b.* Margaret C. Berg/Berg & Associates. 153: J. Gerard Smith for SB&G. 156: Margaret Berg/Berg & Associates. 158: Courtesy of Altom Takeyosu/Kenner Products. 159: Stephen J. Kraseman/Peter Arnold, Inc.

Unit 3 opener 167: Tom Till.

Chapter 6 168–169: © Jerry Schad/Photo Researchers, Inc. 169: *t.r.* Steve Elmore/TOM STACK & ASSOCIATES. 170: *m.l.* Comstock; *b.r.* Comstock. 171: E.R. Degginger/Color-Pic, Inc. 173: Stephen D. Maka. 174–175: *t.* © John Bova/Photo Researchers, Inc. 175: *b.* Bruce W. Heinemann/The Stock Market. 176: *t.r.* NASA/Stock, Boston; *m.l.* © Hale Observatories/Science Source/Photo Researchers, Inc. 178: Zefa U.K./H. Armstrong Roberts. 179: © Jerry Schad/Photo Researchers, Inc. 180: Richard D. Wood/Taurus Photos, Inc. 182–183: Tom Ives. 184: *t.l.* Brownie Harris/The Stock Market. 184–185: *b.m.* Allen Russell/Profiles West. 185: *t.m.* Dan DeWilde for SB&G. 190: *t.* © 1988 John Bova/Photo Researchers, Inc.; *m.* Zefa U.K./H. Armstrong Roberts. 191: *t.* © 1988 John Bova/Photo Researchers, Inc.

Chapter 7 192–193: © 1991 A. Griffiths Belt/Woodfin Camp & Associates. 192: *m.* Larry Lefever/Grant Heilman Photography. 194: M. Bob Woodward/The Stock Market. 195: David G. Johnson/Unicorn Stock Photos. 196: NASA. 197: Dan DeWilde for SB&G. 198: Kenneth & Talita Paolini/Profiles West. 199: *t.m.* W. Perry Conway/TOM STACK & ASSOCIATES; *b.r.* Stan Osolinski/The Stock Market. 200: *t.* Tim Haske/Profiles West; *m.* Animals Animals/Brian Milne/Earth Scenes; *b.* Brian Parker/TOM STACK & ASSOCIATES. 201: Bill Nation/Picture Group 1986. 202: *t.m.* Andris Apse/Bruce Coleman; *t.r.* Sharon Cummings/M.L. Dembinsky. 203: Light Mechanics for SB&G. 204–205: Breck P. Kent for SB&G. 205: *b.m.* Stan Osolinski/M.L. Dembinsky. 208: *b.* Stan Osolinski/M.L. Dembinsky; *t.r.* Lois Moulton/f-Stop Pictures. 209: *t.* Matt Lindsay/Berg & Associates; *m.l.* E.R. Degginger/Color-Pic, Inc. 210: Glen Short, 1980/Bruce Coleman. 212: *t.l.* W. Perry Conway/TOM STACK & ASSOCIATES; *t.r.* Bob Woodward/The Stock Market; *m.l.* Brian Parker/TOM STACK & ASSOCIATES; *m.m.* Tim Haske/Profiles West; *m.r.* David G. Johnson/Unicorn Stock Photo; *b.l.* Breck P. Kent for SB&G. 213: *t.* NASA; *m.* Bill Nation/Picture Group.

Chapter 8 214–215: Springer/The Bettmann Archive. 219: Dan DeWilde for SB&G. 220: Phil Degginger/Color-Pic, Inc. 221: Phil Degginger/Color-Pic, Inc. 222: *t.m.* Animals Animals/Phillip Hart/Earth Scenes; *b.* Bart Barlow/Envisions. 224: *t.* Robert P. Carr/Bruce Coleman; *m.* M.L. Dembinsky. 225: *t.* Robert P. Carr/Bruce Coleman; *m.* Animals Animals/Leonard Lee Rue III. 226–227: Sharon Cummings/M.L. Dembinsky. 226: *b.* Ted Reuther/M.L. Dembinsky. 227: *t.* Animals Animals/Ray Richardson; *b.* Ken Straiton/The Stock Market. 228: *l.* David Madison/Bruce Coleman; *r.* Jeff Foott/Bruce Coleman. 229: *l.* Len Lee Rue III/Stock, Boston. 229: *r.* Tom Walker/Stock, Boston. 230: Brownie Harris/The Stock Market. 231–232: *t.m.* © Charles Mayer/Science Source/Photo Researchers, Inc. 231: Warren Faubel/After Image. 232: *t.* Steve Elmore/The Stock Market; *b.* Tom McCarthy/Unicorn Stock Photos. 233: Arthur Roslund/f-Stop Pictures. 236: *b.l.* Phillip Hart/Earth Scenes; *b.r.* Bart Barlow/Envisions. 237: *b.m.* © Charlie Ott/Photo Researchers, Inc.; *b.m.* Ken Straiton/The Stock Market; *b.r.* Stan Osolinski/M.L. Dembinsky. 238: Courtesy of Rick Carrick.

Unit 4 opener 247: David Madison.

Chapter 9 248–249: Yoav Levy. 249: *t.* Ken Karp. 256: *t.l.* Laura Dwight/Peter Arnold, Inc. 257: *m.r.* Ken Lax for SB&G; *b.r.* Animals Animals/Zig Leszczynski. 258: *b.r.* Michael Heron for SB&G. 259: Elizabeth Zuckerman/Photo Edit. 260: Dan DeWilde for SB&G. 263: © Lawrence Migdale/Photo Researchers, Inc. 264: Courtesy of The Henry Family, NJ. 265: *t.r.* M. Richards/Photo Edit; *m.m.* FourByFive, Inc. 269: *t.l.* Michael Heron for SB&G. 269: *t.r.* Elizabeth Zuckerman/Photo Edit.

Chapter 10 270–271: © Sven-Olof Lindblad/Photo Researchers, Inc. 273: Macdonald Photography/Envisions. 278: *t.m.* Erika Stone. 279: Light Mechanics for SB&G. 280–281: NASA/Science Source Photo Researchers. 280: *m.r.* Battelle Pacific Northwest Laboratories. 281: J. Robertson/U.S. Army Photograph. 283: *t.l.* T. Barber/Custom Medical Stock Photo. 283: *t.r.* T. Fuller/Custom Medical Stock Photo. 284: Custom Medical Stock Photo. 288: *m.m.* T. Fuller/Custom Medical Stock Photo. 288: *m.r.* Macdonald Photography/Envisions. 290: Courtesy of Evelyn Bradshaw.

ACKNOWLEDGMENTS

Grateful acknowledgment is made to the following publishers, authors, and agents for their permission to reprint copyrighted material. Any adaptations are noted in the individual acknowledgments and are made with the full knowledge and approval of the authors or their representatives. Every effort has been made to locate all copyright proprietors; any errors or omissions in copyright notices are inadvertent and will be corrected in future printings as they are discovered.

pp. 106–112: *Venados en el arroyo (Deer at the Brook)* by Jim Arnosky. Text and illustrations Copyright © 1986 by Jim Arnosky. By permission of Susan Schulman Literary Agency, Inc.

pp. 160–166: *Rodando* from *Wheel Away!* by Dayle Ann Dodds, text copyright © 1988 by Dayle Ann Dodds, illustrations copyright © 1989 by Thacher Hurd. Reprinted by permission of Harper & Row, Publishers, Inc., and of Curtis Brown, Ltd.

pp. 240–246: *Quiero ser astronauta (I Want to Be an Astronaut)* by Byron Barton (Crowell). Copyright © 1988 by Byron Barton. Reprinted by permission of Harper & Row, Publishers, Inc.

pp. 292–293: "Todos mis sombreros" ("All My Hats") from *Secrets of a Small Brother* by Richard J. Margolis. Text Copyright © 1984 by Richard J. Margolis. Reprinted with permission of Macmillan Publishing Company.

pp. 294–295: "Dos ruedas" ("Two Wheels") from *Secrets of a Small Brother* by Richard J. Margolis. Text Copyright © 1984 by Richard J. Margolis. Reprinted with permission of Macmillan Publishing Company.

pp. 296–297: "Lo que vamos a ser" ("What We Are Going to Be") by Alma Flor Ada. Reprinted by permission of Addison-Wesley Publishing Company, Inc.